会心のショットが百発百中になる

完全なゴルフスイング

ボディフロー・ラーニング編

体育学博士　PGA　A級ティーチングプロ
安藤 秀

現代書林

はじめに

レッスンをしていていつも思うことがあります。それは「ゴルフスイングほど習得が難しい動きはない」ということです。

私が**筑波大学でスポーツ運動学を学び、博士号取得**に至る経緯の中で、このことがずっと軸としてあったように思います。だからこそ、熱心に上達を願うゴルファーの皆さんに、どうすればわかりやすく、また確実にスイングを身につけてもらえるだろうかと試行錯誤してきたのです。

そして**筑波大学で作り上げた「コンバインドプレーン理論」は多くの方に支持され、今では私の理論でスイングを作った生徒さんの数は5000人を超えるまでになりました。**

また日本国内でだけでなく、海外のスポーツ学会で毎年発表の場を設けているのも、より多くのゴルファーへ正しい情報、新しい考えを発信したいという想いがあるからです。

そこで本書では「ゴルフスイングは習得すべきスイングの形がわかりにくい」というもっとも基本的で、多くのアマチュアゴルファーの方が悩んでいる部分を明確に説明することに主眼をおいて制作しました。

多くの方はナイスショットが打てたスイングを目指すべきスイングと考えます。しかし、間違ったスイングでも偶然でナイスショットが打ててしまう、これがゴルフです。

間違ったスイングで打てたナイスショットは、偶然であるがゆえに繰り返し打つことはできません。

それにも関わらず、ナイスショットを打てたときの感覚だけを頼りに練習するのは、目指すべきスイングの形はわからないままなので、効率がよいとはいえないのです。

このような成果が出ない、目標がわからない練習を回避するためには、ナイスショットが打てるかどうかより、正しい動きの習得に集中するべきでしょう。

そして、**目標とする動きに正しい理論をベースとした明確な基準があれば、その動きを習得していくことでミスショットが発生するパターンを少なくしていくことが可能になります。**

そこで本書では、球を打たない練習によって体の動きを覚えるというプログラムを紹介しています。

この練習は、スイング中の四肢体幹の動きを明確にしているコンバインドプレーン理論をベースにしているため、ボールを打たなくとも正しい体の動きが覚えられます。

本書で解説している数々のドリルを繰り返し、正しいスイングの動きを習慣にすれば、本番でも正しい動きしかできなくなります。もちろんこれはナイスショットが打てる確率も必然的に高まることを意味します。

ボールを打たないからこそ、弾道に惑わされることなく、効率的にゴルフスイングに必要な正しい動きが覚えられるので、正しいスイングの習得も早まります。

ぜひ、家の中、練習の合間、ラウンド中など、ちょっとした空き時間に試してみてください。シンプルかつ短時間でできるドリルですが、これを繰り返すことで体が覚える正しいゴルフスイングが、想像以上に効果的で短時間で身につくことに、きっと驚かれることでしょう。

２０１７年２月

安藤　秀

目　次

はじめに　3

第1章　素振りのときに迷わない本当の理由

なぜ素振りのときは迷わないのか？——14
プロとアマチュアの素振りの違い——18
正しい体の動きを習得するために必要なこととは——20
ボディフロー・ラーニングの基礎となる運動理論とは——24
ボールを見ることをやめる——26
クラブを持たないボディフロー・ラーニング——30
動作イメージ学習のNGと解決策——34
ボディフロー・ラーニングとCP理論——36
ボディフロー・ラーニングの最大の特長「分割学習」——38
コンバインドプレーン理論とは——40

第2章　ゴルフクラブを持たずに上達する —アドレス・グリップ編—

クラブを持たない練習の専用グリップ作り —— 46
①ヘッド固定感覚習得グリップ —— 48
②ヘッド高さ感覚習得グリップ —— 50
正しいアドレスを作る —— 52
①上半身の軸を作る —— 54
②前傾&首角度を作る —— 56
③最適な膝の角度を作る —— 58
④肘の絞りを作る —— 60
第2章まとめ
正しいグリップとアドレスなくして、スイング作りは始まらない —— 62

第3章　ゴルフクラブを持たずに上達する —基本動作の解説編—

体の動きを理解するための5つのスイングドリル —— 66
①インパクトエリアの動作を作る —— 68
②ターン動作を作る —— 70
③手首のコック動作を作る —— 72

④腕と肘のリフトアップ動作を作る――74
⑤肘のたたみ動作を作る――76
⑥フルスイングを作る――78
第3章まとめ　基礎から確実に動きを身につけることが重要なポイント――80

第4章　ゴルフクラブを持たずに上達する―基本動作の習得編―

6つの動作の精度を高めるスイングドリル――82
①バックスイングの回転を作る―右尻と左膝の動きの習得――84
②体幹のねじれの習得――86
③顔の動きの習得――88
④バックスイングの腕の動きを作る―左肘の絞り方の習得――90
⑤右肘の絞り方の習得――92
⑥コック動作とリフトアップ動作の習得――94
⑦ダウンスイングの体の回転を作る―移動と回転の組み合わせの習得――96
⑧インパクト時の左膝の角度の習得――98
⑨下半身先行回転の習得――100
⑩ダウンスイングの腕の動きを作る―左腕上腕引き下ろし動作の習得――102
⑪左手甲角度の習得――104

⑫右手首角度の習得　106
⑬フォロースルーの体の回転を作る―左脚主体回転の習得―　108
⑭フォロースルーの肩の傾きの習得　110
⑮上半身軸回転の習得　112
⑯フォロースルーの腕の動きを作る―両肘の絞り方の習得―　114
⑰左腕の動かし方の習得　116
⑱右腕の動かし方の習得　118
第4章まとめ　四肢体幹の役割を理解する　120

第5章　ゴルフクラブを持たずに上達する―基本動作の強化編―

スイングに必要な各部の動きを強化する　124
①回転軸の強化―左倒れ防止―　126
②上半身軸の強化―右倒れ防止―　128
③左脚主体回転の強化　130
④右脚スエー防止の強化　132
⑤バランス感覚を身につける―前後重心移動の感覚―　134
⑥上体移動＋左脚回転の感覚　136
⑦頭ポジショニングの感覚　138

⑧腕の動きをスムーズにする ―肘の絞りの調整― 140
⑨腕水平コック動作の強化 142
⑩V字リフトアップ動作の強化 144
⑪肘絞り回転動作 146
⑫左手右太腿あて回転動作 148
⑬右手左太腿あて回転動作 150
⑭腕引き上げ回転動作 ―ストレッチ回転― 152
第5章まとめ ボールを打ちながらでは学習できない動きを習得する 154

第6章 ゴルフクラブを持たずに上達する ―ミスショット矯正編―

ミスショットの種類 158
①トップショットの矯正Ⅰ ―左肩下げバックスイングの習得― 162
②トップショットの矯正Ⅱ ―左腕胸乗せダウンスイングの習得― 164
③トップショットの矯正Ⅲ ―左腕押さえインパクトの習得― 166
④ダフリショットの矯正Ⅰ ―スエー動作の矯正― 168
⑤ダフリショットの矯正Ⅱ ―右脚主体回転の矯正― 170
⑥ダフリショットの矯正Ⅲ ―太腿ねじり腰回転の強化― 172
⑦ダフリショットの矯正Ⅳ ―ダウンスイングのタメ感覚の習得― 174

⑧シャンク・ササリショットの矯正Ⅰ
―アドレス時の前後重心配分の矯正――176
⑨シャンク・ササリショットの矯正Ⅱ―突っ込み切り返しの矯正――178
⑩シャンク・ササリショットの矯正Ⅲ―突っ込みダウンスイングの矯正――180
⑪テンプラショットの矯正Ⅰ―腕・シャフト角度維持感覚の習得――182
⑫テンプラショットの矯正Ⅱ―直線軌道テークバックの矯正――184
⑬テンプラショットの矯正Ⅲ―突っ込みインパクトの矯正――186
⑭フックボールの矯正Ⅰ―右前腕ターン制御の習得――188
⑮フックボールの矯正Ⅱ―右脇開きインパクトの矯正――190
⑯スライスボールの矯正Ⅰ―左前腕ターン感覚の習得――192
⑰スライスボールの矯正Ⅱ―左脇開きインパクトの矯正――194
第6章まとめ　まぐれのナイスショットと、当然のミスショットの違い――196
ボディフロー・ラーニング目的別トレーニングメニュー　198
あとがき　205

第1章

素振りのときに迷わない本当の理由

なぜ素振りのときは迷わないのか？

ラウンド中にこんな会話をしたことがありませんか？

「素振りはいいんだけどね」

「素振りと同じように打てばよかったのに」

そして、こうした会話は往々にして、ミスショットが出たあとに交わされるものです。

これはすなわち、「実際にボールを目の前にしてスイングすると、力んだり、緊張したりすることで、素振りと違う動きをしてしまったからミスショットになった」ということを指しているものと思われます。

なぜ「思われる」という表現をしたかというと、そこに大きな問題があるからです。

では、もし本番でも素振りと同じようなスイングができたとしたら、ミスショットはなくなるのでしょうか？

ミスショットがなくならないとしても、ナイスショットが打てる確率が飛躍的に向上するのでしょうか？

「素振りはスイング前のリハーサルであり、その時にスムーズにクラブが振れたのだから本番もその通りにクラブを振ることができれば、ナイスショットが打てる確率は飛躍的に

アップする」

こう答える方もいるかも知れません。たしかにナイスショットを打つために必要な、正しい動きが身についているスイングであれば、素振りと同じ動きを再現するだけでよいかもしれません。

しかし、その素振りの動き自体が間違っていたらどうでしょう？　素振りを再現したところでナイスショットがなかなか打てないのは当然の結果といえます。

さらに「素振りはいいんだけどね」というセリフが飛び出す場面は、必ずミスショットの後です。ということは、「たびたびミスショットを打つ人」＝「正しい動きが身についていない人」という図式があるのです。

ではここで少し、なぜ素振りの時には迷う人が少ないのかを考えてみましょう。

そもそも素振りとは、クラブを振って自分がいい感じを得られるかどうかがポイントになる動作です。

つまり、「気持ちよく体を動かす」ことが目的であり、スイングでいい結果が出せるかどうかは、あまり問題にされていないのです。

これに似た例がランニングマシンの上でのランニングです。ランニングマシンの上ではランニングフォーム、体の使い方、速度などはあまり関係がなく、走ることによって体調のコントロールを行ったり、爽快感を得ることが目的です。

これはゴルフでいう素振りとほぼ同じ運動です。

もし走った結果としてのタイムや、タイムを短縮するための動きを意識するのであれば、ランニングマシンで爽快感を求める練習はあまり有効とはいえないでしょう。

つまり、実際のショットにおける重要な動きを意識していない素振りは、プレーヤー自身の振りやすい形でスイングできるために、クラブを振っている本人には何らストレスがなく「このスイングはいい！」と勘違いしてしまうわけです。

要するに、**素振りでよいのは振っている本人の感覚だけで、実際の結果にその気持ちよさは直結しないという場合が多いということです。**

スイング中の正しい動きが身についていないアマチュアゴルファーが行う素振りを、そのまま本番のショットに使ったとしても、必ずしもナイスショットにつながらないのも納得いただけると思います。

ところが、練習場へ行くと…

素振りこそナイスショットが打てる動きだと
勘違いしていませんか?

プロとアマチュアの素振りの違い

では逆に高い技術と安定したスイング動作を身につけているプロゴルファーの素振りはどうでしょうか？

プロが行う素振りには、2種類あります。その1つが、ショットを打つ前に体を軽く動かしておく目的のものです。

ゴルフというゲームはショットを打つ時間より、ショットとショットの間の時間の方が長いスポーツです。たとえ前の組がいなくてスムーズにラウンドしても、他人のプレーを待つ必要のない1人のラウンドでも、1回ショットを打った後は、次のショットを打つまでにボールのある位置にたどりつく時間が必要になります。

そして、この**ショット間には、歩いたり走ったりする直線的な動作である並進運動が行われるため、ゴルフスイングに必要な回転運動に体を切り替える準備が必要となります。そのための準備として行うのが1つ目の素振りです。**

そして2つ目の素振りは自分の注意点を確認する目的で行うものです。

実際のラウンドは練習場と異なり、自分のスイングの感覚が狂いやすく、集中もしにくいものです。それは練習場と違い、視界にOBや池、川などが入ってくるからであり、こうした視覚的なこともスイングフォームが崩れてしまう原因の1つです。

構える時に体の向きを正しく合わせることができる足場のマットもなく、正しいアドレスや体の向きを示すガイドラインがなにひとつないので、よけいにスイングが崩れやすいのです。

このような理由から、いつのまにか調子が悪くなってきた、ミスショットが増えてきたと感じることも多いのですが、コースでは毎ショットがたった1球しか打てない本番です。つまりミスは絶対にやり直せないのです。

そこで**打つ前に素振りを行うことによって、自分が注意していることに対しての集中力を引き戻すことが重要となります。この感覚を確認するための動きが2つ目の素振りなのです。**

いかがでしょう？　アマチュアが漫然と行う素振りと、プロが行う素振り。言葉は同じでもこれほどまでに意味も内容も異なるのです。

ナイスショットを安定して打つためには、正しい体の動かし方を習得していることが絶対条件です。そのため違和感なく行った素振りがナイスショットに直結するのは、体の動きをマスターした人ということになります。

正しい体の動きを習得するために必要なこととは

では、正しい体の動きはどのような方法で習得するのが効果的なのでしょうか？

ゴルフスイングの習得にはいくつもの方法があります。ひたすらボールを打ち込む、指導者の下で地道にスイングを固める、書籍やＤＶＤを見て研究する。どれも間違いではありませんが、ここでは、そうした今までのスイング習得方法に比べ、より効果的かつ効率よく正しい体の動きが理解できる方法「ボディフロー・ラーニング」を紹介していきます。

ボディフロー・ラーニングは、単純でありながら、誰でも場所や時間を選ばずにゴルフスイングに必要な正しい体の動きが習得できる学習方法です。

さらにゴルフクラブを持たずに行えることから、わざわざ練習場に足を運ぶ手間も必要ありません。

そこで､ボディフロー・ラーニングとはいかなるものなのかを簡単に説明しておきましょう。なお、ボディフロー・ラーニングはスイング中の体の動きを、各パーツに分けて考えることができる「コンバインドプレーン理論」がベースとなっています（コンバインドプレーン理論とはどういうものなのかを、あとに記載してありますので、あわせてお読みください）。

ゴルフの練習でもっとも一般的なのはひたすらボールを打ち込むというものでしょう。この練習は本来、直進性の高い飛距離が出るショットを毎回打つことが可能なスイングの習得を目指して行われます。そして、目標としているショットが打てない場合は、プレーヤーがスイングの仕方を変えない限りは打球に変化は望めません。つまり体の動きが間違っている場合は、どんなに工夫しても理想的なショットは打てないということです。

しかしながら、巷のゴルフ練習場では、体は回転させせなければならないということを理解しながらも、ボールヒットの正確性を重視してボールを凝視し、体の動きを小さくして腕や手首など小手先の動きのみで打球を調整しようしているプレーヤーをよく見かけます。

確かに、飛距離を犠牲にしてスピードを落としたスイングを行えば、このような矯正でも直進性の高いショットが打てるかもしれません。

しかし、もし**「飛んで曲がらないショットを何度も打ちたい」と思うなら、体の動き、特に大きな筋肉の使い方を変えることが必要になる**のです。

なぜなら、大きな筋肉の動きが正しければスイングの速度が出せるうえに、高速で体が回転するため、小手先を使ってのボールヒットは難しくなり、フェースのローテーションも少なくなって、ボールは曲がりにくくなるからです。

さらに、大きな筋肉の動きによるスイングは再現性が高いため、同じボールが何度も打てるのです。

また、仮に小手先の動きが違っていた場合でも結果が重大なミスにならないのも大きなメリットです。これは、プロゴルファーのショットがミスといってもそこそこの弾道であり、彼らの下半身や体幹の動きは毎ショットそれほど大きく違わないことからも見て取れます。

このように考えてみると、**ボールヒットの正確性や目標とする弾道を得るために、ボールを凝視して腕や手首の動きに集中すればするほど、再現性を高めることができる体の動きには目が届かないという矛盾が発生してしまう**ことがわかります。

そこで、本書を書くにあたりにクラブを持たずにスイング動作を習得することを目標とする「ボディフロー・ラーニング」を考案しました。

このプログラムは、ボールを実際に打たないため、スイング中の体の動きやその感覚、特にボールを打ちながらでは感じにくい大きな筋肉の動きや感覚に集中力を注ぐことができるのです。

そして、本書のボディフロー・ラーニングプログラムを構成する各ドリルは、それぞれゴルフスイングに含まれる動作やその感覚がわかりやすく感じられる動作になっているのが特徴です。

ゴルフスイングは様々な動きの組み合わせから成り立つ運動であるため、意識する場所によって感じ方が変わってしまいます。

例えば、ダウンスイング中の左腕の動きの感覚と右腕の動きの感覚は異なるうえに、左腕を意識すれば右腕の意識は消え、右腕を意識すれば左腕の意識は消えてしまうといったように、すべてをまとめて一気に習得することは難しいのです。

そこで本書が推奨する**ボディフロー・ラーニングは、各ドリルの動きがスイング中のどの局面のどの部分の動きなのか、またその動きを習得すると弾道にはどういった効果があるかを明らかにしている**ことに特徴があります。

まとめて覚えにくい動きや、感じにくい動きを繰り返し行い、各ドリルを体に覚えこませることで、通常のスイングの中に各部の動かし方や感覚が自然に取り込まれます。

さらに各部の動きに必要な筋力が高められ、同時にバランス感覚と柔軟性の向上につながります。

ボディフロー・ラーニングの基礎となる運動理論とは

ボディフロー・ラーニングのベースには、コンバインドプレーン理論というスイング理論があります。この理論はコンバイドプレーンイメージを通してゴルフスイングを学習していくという考えです。

コンバインドプレーンイメージとは、**「従来の一面のスイングプレーンを使ったスイング学習では、近年主流となっているインパクトエリアでリストをターンさせないスイングを習得するには不都合がある」**という調査をもとに、私が筑波大学大学院で研究開発したゴルフスイング学習用のイメージです。

コンバインドプレーン理論の詳細については40ページで説明していますので、あわせてお読みいただけると、いかにボディフロー・ラーニングが効果的で手軽な学習方法かをより理解していただけるでしょう。

コンバインドプレーンイメージは、従来の一面イメージではなく、3 枚の平面の組み合わせから成り立っている。これは近年主流である、アップライトでリストターンのないスイングを学習するには最適なイメージであるといえる。

タイガー・ウッズに代表されるアップライトなリストターンを抑えたスイングは、飛距離が出せるうえに曲りが小さくできるため、1970 年代以降、急激に採用するプロゴルファーが増えた。現在ではほとんどのプロが行っている一般的なゴルフスイングといえる。

19 世紀後半から 20 世紀中ごろまで主流だったのは、一面のスイングプレーンイメージに基づくスイングで、トップオブスイングの位置が低く、リストターンを積極的に行うフラットなスイングだった。しかし現在では、道具の進化もあり、一面のスイングプレーンでの学習はほとんど行われていない。

ボールを見ることをやめる

ここからいよいよボディフロー・ラーニングの真価についてお話ししていきます。しかし、その前に本書を手にとった皆さんに絶対に理解しておいていただきたいことが1つだけあります。

それは「ゴルフスイングは、置かれたボールを睨みつけて、そこにクラブヘッドを正確に運ぶ動きではない」ということです。

そもそもゴルフスイングとは誤解を生みやすい運動です。その証拠に多くの人は「ボールをしっかり見てクラブヘッドのスイートスポットで正確にボールを打つのがゴルフスイングである」と考えているはずです。

しかし、上級者になればなるほどボールをよく見ようとしていないのをご存知でしょうか？

プロゴルファーや上級者たちは、ボールは構えた位置から動かないので、その位置にボールがあるという想定のもと、スイング動作に集中するため、ボールを凝視することなくクラブを振って、ボールを打っています。

このことから「ボールはなんとなく見る」という言葉につながるのですが、**実際の指導**

やハウツー本などでは「頭は動かさない」「ボールから目を離さない」などといった表現が使われるため、しばしばアマチュアの方はゴルフスイングの核心的なことを勘違いしてしまうのです。

プレーヤーが行うゴルフスイング動作には十分な体の回転が求められます。そのためスイング空間の一部やボールを睨みつけてしまうと体の回転が損なわれて、いいスイングはできなくなります。

つまり、**地面に置かれているボールを凝視するのは、いいスイングのためには逆効果**ということなのです。

それにも関わらず、ゴルフは動かないボールを打つために、凝視しようとすればスイング動作中でもボールをよく見ることができてしまうというところに、落とし穴があります。

連続写真の中にあるプロゴルファーのインパクト時の姿勢では、頭がしっかりと残ってボールから目を離さないようにしているように見えるものです。

しかし、これは下半身の回転が上半身を回転させ、上半身の回転が頭を回転させているという、スイング中の回転動作の中で頭が遅れた回転している一瞬が写しだされたものであることを理解してください。

ここからわかるように、**プロゴルファーや上級者のスイングを習得するには、スイング**

中にボールはよく見るということをせずに、そこにあると想定されるボールに対して体の動きを重視したスイングを行うことが重要になります。

このような考えに基づくと、もっとも重要なことは、ボールを凝視せず自分のスイングをのびのびと行い、なおかつボールをヒットできた時に「飛んで曲がらないショットが打てるスイング」が行えているかという答えにたどり着きます。

そして、ストレスなく自分のスイングを行いながら、ナイスショットを繰り返し打つために必要な動きを本書の核として「クラブを持たずに体の動きを理解し、体に覚え込ませる方法」というものを提案していきます。

ではこのような考えに基づいた、ベストショットに必要な、正しい体の動きを習得することの効果やメリットを考えていきましょう。

ナイスショットはもちろん、クラブヘッドにボールを当てるためには、置かれたボールを凝視することが重要と勘違いしているアマチュアは多い。しかし、それはいいスイングを習得するためには逆効果であることを知るべきである。

クラブを持たないボディフロー・ラーニング

ボディフロー・ラーニングでは従来の練習方法と違い、ゴルフクラブやボールといったものはもちろん、道具はいっさい使用しません。

ボールを繰り返し打つ、トレーニング器具を持って素振りをするといった練習方法がポピュラーな現在において、少しビックリされるかもしれませんが、**クラブや道具を使わない練習のほうが、より効果的によいスイングを習得できるのです。**

ではクラブを持たないで練習した方がいい理由から説明していきましょう。

ゴルフにおいてクラブは重要な道具の1つですが、そのクラブはプレーヤーが手に持って振ることではじめてボールを打つことができます。逆にいえば、クラブ自体はなんら動くための機能を持っていないので、人間が手にして動かす（振る）ことで、はじめてボールを飛ばすという性能を発揮するのです。

もし、クラブ自体に動く機能が備わっていたとしたら、その動きを制御するプレーヤーの技術や体の使い方が必要となるために、正しい体の動かし方の習得には「必ずクラブを持って練習する」ということにもなるのでしょう。

しかし、クラブ自体が勝手に動かないのですから、実際にボールを打つとなると、クラブは四肢体幹の共同作業によって動かすしかありません。そして両腕、両脚、体幹など全身を使ってクラブを振っているわけですから、腕だけの動きでスイングを矯正することはできないのです。

もし腕の動きだけでスイングを矯正してしまうと、体の回転をまったく使わないスイングになるため、飛距離が著しく落ちてしまいます。これでは本当のスイング修正とはいえません。

では、**本当に正しいスイングの動きを習得するためには何が有効なのか？**

それはボールを打たず、クラブも持たない状態で体の動きを覚えることです。これでナイスショットを打つために必要な正しい動きのガイドラインを肉体的（感覚ではなく、体が動きを覚えるという意味）に手に入れることができるのです。

しかしクラブを持たない体の動きは、静止しない動作のため、目に見える形のガイドラインがありません。そこで、その動作を分解せずに丸ごと覚える必要があります。

人間の運動はロボットの運動と違って、空間座標の指摘の連続によって運動が成り立っているわけではありません。これは、人間は連続写真の一コマ一コマをつなぐような方法では運動の学習はできないという意味です。

もし、スイング映像の中に矯正すべき一枚があったとしても、それを矯正するにはその前後の動きを含めた一連の動きを矯正せねばなりません。さらに、連続写真の一コマを強調し、その瞬間に意識を集中して練習してしまうと、動きの流れは集中している瞬間の姿勢まででストップしてしまうのです。

その例として、走り幅跳びの踏み切りの矯正がよくわかります。走り幅跳びで踏み切りのイメージを強く持って、その部分だけに意識を集中しながら助走を開始すると、踏み切りの瞬間で動作は停止してしまいます。

これは運動が「助走の時は踏み切り局面」「踏み切り時は空中局面」「空中局面時は着地姿勢」といった具合に、必ず動きの一歩先をイメージしているため、先をイメージしない動作はそこでストップしてしまうということです。

ですから、連続した動きの中の一《いち》姿勢であっても、その一姿勢をひとまとまりの動きの中で修正していく必要があるのです。

同様に、ゴルフスイングの場合もスイング始動からフィニッシュ姿勢まで止まることのない運動であるため、静止画像のコマをつなぎ合わせていく学習方法では、正しい動きは身につかないということになるのです。

ここで重要となるのがスイングに含まれる正しい動作をどうやって学習するかということです。ボールが上手く打ててもそれが正しい動きとは限りません。なぜならどんなスイングでもナイスショットが打てることがあるからです。

そこでその答えが「クラブを持たずに正しい動きを繰り返すことで、体に覚えさせる」すなわちボディフロー・ラーニングとなるのです。

クラブを持たない練習と聞くと、実践的ではないと思う人もいるかもしれません。

しかし、改善する動きのポイントを明確にした練習なら、改善の過程では結果を見ない方が動きの矯正に集中できます。

実際にクラブを持ちボールを打つと、ボールの方向や球筋という結果が見えてしまうため、腕の動きで打球を調節しようとしてしまいます。

そのため、クラブを振らないほうが、体の動きを感じやすく、覚えやすいといえるのです。

また、**実打をせずに体の動きの習得をしておけば、ラウンド中にミスショットが続いた場合にも、練習球を打つことなく、素振りや動きの確認を通してそのミスショットを矯正することも可能**になるということです。

さらにこの練習では、クラブやボールを使わないため、どこでも手軽にできるというのも大きなメリットとなります。

動作イメージ学習のNGと解決策

そもそも運動の習得についてはは様々な説があるなかで、意図をもった動きを運動感覚として覚えるには、48時間（2日）以上の間を空けないようにして、3000回から1万回繰り返すことが必要といわれています。そこで、クラブを持たないスイング動作習得も、その動きを繰り返し練習していくと効果が出てきます。もし3000回を目標にするなら100回を30日（1ヵ月）もしくは50回を60日（2ヵ月）という計算でいいのです。

期間だけ見ると、1ヵ月以上継続するのは大変なように思えますが、**本書で紹介する動きは、1つの動作に4秒しかかかりません。そのため、1日の練習回数を色々な動作を組み合わせて50回としても、必要とする時間はわずか1日で3〜4分です。**

このわずかな時間の運動を繰り返すことで、体が自然にその動きを行ってしまう「スイングの習慣」が身につきますが、注意したいのは漠然と動いても正しい動きは身につかないことと、正誤の判断を確実に行うことです。では正しく動作イメージの学習を行ううえでの注意点から説明しましょう。

動作イメージを用いて実動作の向上を目指す場合、そのイメージが正しい実動作と大きくずれているというパターンが多々あります。

例えば、アマチュアプレーヤーの多くが、ミスショットが出るとバックスイングの体の回転が浅いと考えます。しかし、本当の問題点がフォロースルーの回転が浅いことにあったとしても、そこに考えが至らず、ずっとバックスイングの回転に執着してしまいます。

こうなるとバックスイング時に腕を使って体を無理に回そうとするため、オーバースイングのようなNG動作が発生します。

さらにバックスイングの回転を大きくすればするほどフォロースルーの回転は小さくなるというアンバランスが生まれるため、結果はますます悪くなるという悪循環が発生するのです。これが自分の考えているイメージと実際の正しい動作とのズレです。

そこで、動作イメージを通して実動作の向上を目指す場合、そのイメージを実動作に取り込んでよいかどうかを正しく判断することが大きなポイントになります。

では、その判断をどうすべきなのか？　それには**実際のゴルフスイングでは、四肢体幹がどのように動き、それらがどのように共同作業を行うことで正しい動きが成り立っているのかを理解しておく必要があります。**つまり、そこに土台となる明確なスイング理論がないと、その動作が単に個人の思い込みのイメージであったり、何かを強調したいがためのイメージであったりすることを防げません。そのためイメージ学習の土台となるコンバインドプレーン理論について、基本的な説明をしておきます。

ボディフロー・ラーニングとCP理論

それでは実際にボディフロー・ラーニングによる動作イメージの学習方法を説明していきますが、まず、この学習法の理論的土台となるコンバインドプレーン（CP）理論をベースにしたゴルフスイングの学習方法から解説します。

コンバインドプレーン理論ではゴルフスイングは体が横方向の回転を行う間に、腕が縦方向に動くと考えています。そのため「腕の縦の動き」と「体の横の回転」を合成してゴルフスイングを作ります。

この学習方法はダンスの学習に例えることができます。踊りながら手の動きに意識を向ける場合、ステップは無意識でも踏めるという前提があります。

しかし、振り付けを本格的に矯正しようとする場合、一旦ステップを止め、手だけの動きを練習したあとに、再びステップと合わせながら相互のバランスをとる必要があるのです。

これとは逆に、矯正したい動きがステップであった場合は、一旦振り付けをやめてステップだけを練習してから、再び振り付けを組み合わせます。

これはコンバインドプレーン理論を土台としたゴルフスイングの学習方法と同じで、ステップと振り付けの関係が、「腕の縦の動き」と「体の横の回転」となります。

この考え方をベースに、**両腕、肘、手首、両脚、腰、肩の動きの感覚を、それぞれのパーツごとにピックアップして習得していくのがボディフロー・ラーニングです。**

本書が扱う「動作エレメント（スイングに必要なまとまった動き）」のそれぞれでは、スイング全体の中の各局面で四肢体幹をどう動かすべきかというイメージを理解することができます。

この動作を繰り返すことで、スイング中の正しい体の動かし方が身につくため、より遠くへ、より正確にというゴルフスイングのレベルアップを実現できるのです。

ただし、学習する動作エレメント間の連係が上手くできないような間違った動きを繰り返しても上達にはつながりません。

そこでコンバインドプレーン理論を土台とすることでこの問題を解決したというわけです。

この理論では、「腕の縦の動き」と「体の横の回転」の合成でショットを行うという原則があるために、腕の動きだけを、また体の回転だけをレベル別に分けることができます。

これにより、正しい動きとはどういったものなのかが理解しやすくなっています。

ボディフロー・ラーニングの最大の特長「分割学習」

ボディフロー・ラーニングのベースとなっているコンバインドプレーン理論では、3つのスイングプレーンのそれぞれを作る動きも「腕の縦の動き」と「体の横の回転」に分けられています。

そのため、複雑なゴルフスイングの動きを、いくつかの動作エレメントに分けて習得していくことができます。

この区分けは、「バックスイングの腕の動き」「バックスイングの体の回転」「ダウンスイングの腕の動き」「ダウンスイングの体の回転」、そして「フォロースルーの腕の動き」と「フォロースルーの体の回転」の6つです。

さらにスイング中の腕の動きを、スイング全体を通して見た場合には、「上腕の使い方・両肘の向き・手首の使い方」に分けられ、体の回転は「膝の動き・腰の動き・肩の動き」に分けられます。

そして、これらのパーツが正しく動かない場合にトップショットやダフリショットというミスショットが発生することになります。

ですから、スイングの区分けから成り立つ動作エレメントをしっかり学習すれば、ミスショットを発生させないための動きの感覚も習得できることになるのです。

ボディフロー・ラーニングは、「ゴルフスイング構築を目指すプログラム」「できあがったゴルフスイングで発生するミスショットに対応するプログラム」「より高度なスイングを作るために筋力・バランス・柔軟性を高めるプログラム」の3つで構成されています。

これから解説するドリルの一つひとつは単純で、大きくない動きのため、時間も場所も選びません。

また、確立されたスイング理論が土台となっていることで、正しい動きの習得に加え、間違った動きに対する判断能力も身につけられます。

クラブを振ってボールを打つという、従来の練習方法に加え、このプログラムを練習場、自宅、ラウンド中と幅広く行っていただければ、必ずあなたのゴルフが上達することをお約束いたします。

コンバインドプレーン理論とは

ゴルフスイングは1950年代まで、トップオブスイングとフォロースルーの手の位置が低いフラットスイングが主流でしたが、1960年代から徐々にトップオブスイングとフォロースルーの手の位置が高いアップライトスイングに変わってきました。

その理由は手の位置が高いスイングの方がより飛距離が出せるからです。さらに、近年クラブシャフトが長くなってきたことでインパクトエリアで手首のターンを行うことは方向性を著しく損ねるとされ、この動きを抑えたスイングが目標とされています。これもやはりアップライトスイングに分類されます。

手の位置が高いアップライトスイングに対して体の回転ですが、1990年代に低重心構造のクラブが開発されて以来、高弾道を引き出すための逆C型フィニッシュ姿勢をとるターン動作は主流ではなくなっていきます。

そのかわりに台頭してきたのは、ボールを高く打ち出してくれるクラブのおかげで生まれたI型のフィニッシュ姿勢をとるスイングでした。このスイングは腰の負担が少ないので体がスムーズに高速で回転できるため、より一層飛距離は伸びたのです。

コンバインドプレーンイメージはこのような「インパクトエリアの手首の返しを抑えた

アップライトなI型フィニッシュ姿勢をとるスイング」を学習するためのイメージで、インパクトエリアの斜めのスイング平面にバックスイングとダウンスイングの縦のスイングプレーン、そしてフォロースルーの縦のスイングプレーンの合計3枚を組み合わせたスイングイメージです。

このイメージではゴルフスイングは腕の縦の動きと体の横の回転が合成されて成り立つということがよくわかります。

コンバインドプレーンイメージに基づくスイングでは、テークバックの始動で体の回転がクラブシャフトをスイングプレーンAの上に動かした後、腕の動きがクラブシャフトを縦プレーンA上で上方に動かしトップオブスイングまで運びます。

その後、トップオブスイングからは腕がクラブシャフトを縦プレーンA上に下ろす動作に合わせて、体が回転してクラブをインパクトエリアのスイング平面Bに運びクラブヘッドがボールをヒットするのです。

ボールヒット後はクラブシャフトは再び腕の縦の動きで縦プレーンCの上を上方に動きフィニッシュ姿勢まで運ばれてスイングが完結します。

各スイングプレーンのイメージは次ページのイラストを参考にしてください。

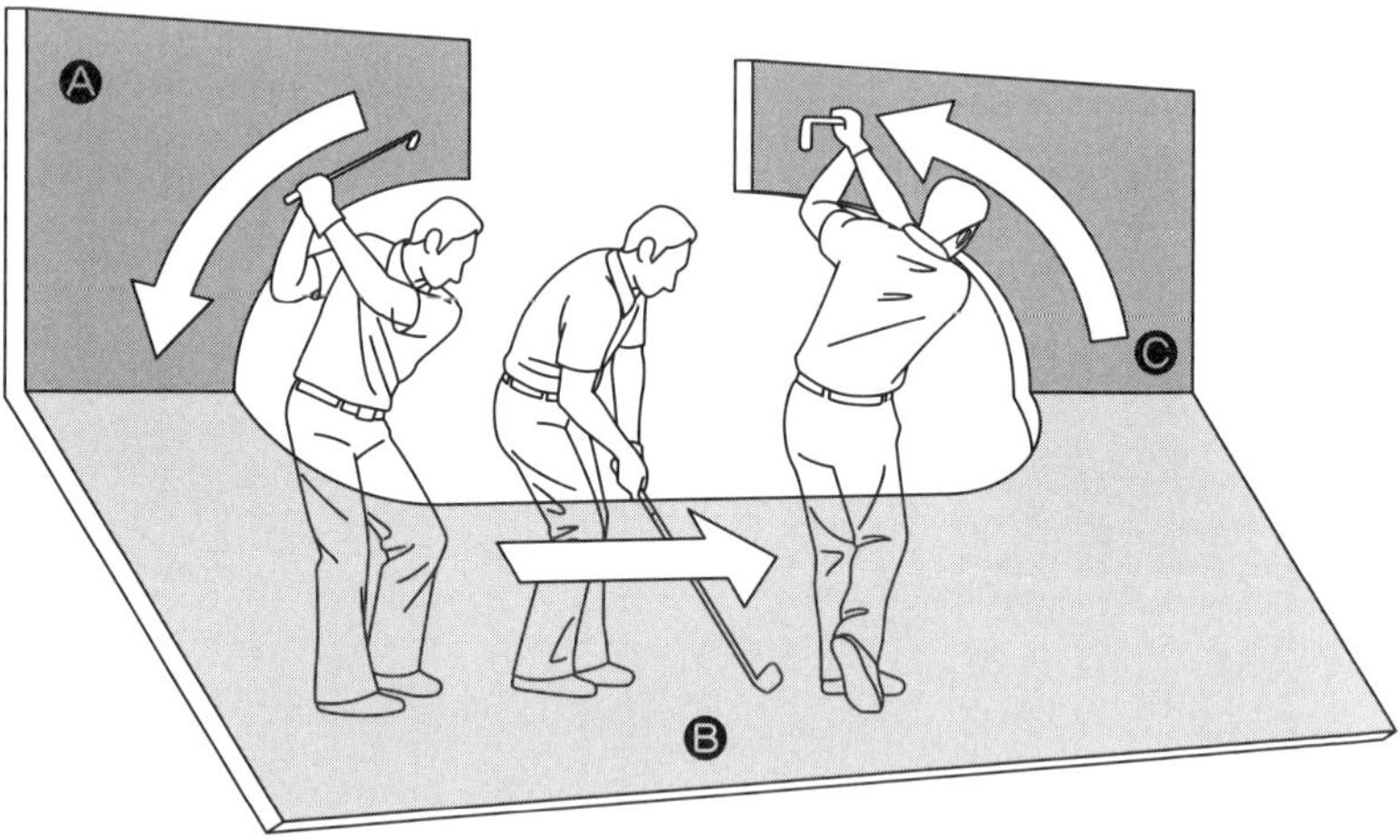

スイング中、縦方向に動かされるクラブシャフトは体の回転によって自然に背中側に傾き、インパクトエリアのスイングプレーンに移行してボールをヒットする。その後、フォロースルーでもクラブヘッドの勢いで背中側に倒れたクラブシャフトは、体の回転の減速に伴い縦方向に動き、フィニッシュポジションへ向かう。スイング中のクラブシャフトの傾きは体の回転速度とクラブの長さによって変わるが、プレーヤーはこのイメージに基づいて体を動かすことで、自分自身のクラブごとのスイング軌道を自然に作ることができる。

このような動きを行うとクラブは角ばった軌道を描くと思われる方も多いでしょう。しかし実はこの動きを実際にクラブを持って行うとクラブに重力や遠心力、クラブの勢いというようなプレーヤーの力以外の力が加わることでクラブシャフトの軌道はなめらかなカーブを描きます。つまりコンバインドプレーンイメージは実際のスイング軌道からプレーヤー自身が意図して発揮している力ではないものを削除したスイングイメージなのです。

これを言い換えると、「プレーヤー自身がスイング中、意図的に行っているスイング動作のイメージ」と表現できます。

ここからわかるように、コンバインドプレーンイメージに基づくクラブの振り方は、どうすればクラブヘッドが上手くボールに当たるかという考えとは一線を画すものとなっているため、プレーヤーはこのイメージを通して**クラブヘッドをボールに上手く当てる動きを学習するのではなく、スイング中に自分の四肢体幹はどのように動かすべきなのかを学習するのです。**

そして、この四肢体幹の動きこそが再現性と直進性の高い飛距離のでるスイングのベースとなるがゆえに「クラブを持たず体の動きを理解し、体に覚えこませる方法」としてボディフロー・ラーニングが生まれたのです。

第2章

ゴルフクラブを持たずに上達する

―アドレス・グリップ編―

クラブを持たない練習の専用グリップ作り

ゴルフの練習といえばクラブを持ってボールを打つのが当たり前と思っていませんか？実はクラブを持たない練習にこそ上達の秘密があるのです。もちろんボールを打つことは上達に必要不可欠ですが、こんな落とし穴もあることを知っておきましょう。

「打ったボールの行方にばかり気が取られ、体の動きを意識できない」

「実際にボールを打っているときは自分のフォームを見ることができない」

この2点はゴルフスイング作りにおいて、非常にマイナスであるといえます。なぜならゴルフスイングの基本は「できる限り毎回、正しい動きをする」ということだからです。

そこで本書では、ゴルフクラブを持たず「体に正しい動きを覚えさせる」ことを目標に、その練習方法を解説していきます。ゴルフクラブを使わないスイング作りには**「いつでもどこでも練習ができる」「遠くにまっすぐ飛ばす筋力・バランス感覚、再現性・柔軟性がすぐに身につく」「短時間の練習で効果が期待できる」などのメリット**があります。この練習でゴルフスイングに必要な「動きの感覚を学習する」のが最大の目的です。

この動きの感覚は、実際にクラブを持ち、ボールを打っているだけではなかなか身につけることができません。その理由は先ほども書いた通り、一般的なアマチュアゴルファーの場合、どうしても打った打球の方向や球筋といった、結果にばかり意識がいってしまいます。そのため、狙った方向にボールを打つためにもっとも重要である「正しい体の動かし方」がおろそかになってしまうのです。そこで、体の動きに集中するため、クラブを持たない練習が有効となってくるのです。

では最初に、**クラブを持たないで練習するための専用グリップからスタートしましょう。今回のレッスンの基本となる部分なのでしっかりとマスターしてください。**

グリップはただクラブを握ればいいわけではなく、色々な役割があります。

まず、肘との共同作業で左太もも前に手の位置を固定し、フェースのローテーションを抑える役割。これは左右の肘がグリップを通して引き合う関係を作るために、腕に対してのヘッドの位置、フェースの向きが固定されることを意味します。これによって、クラブヘッドを横方向に動かせるのは体の回転だけということになるのです。

そして、もう1つは、クラブヘッドの通過する高さを一定にする役割です。グリップは右手が下から支える力、左手が上から押す力をクラブに加えることで、その上下の位置をキープします。漫然とクラブを握っているだけではこの感覚をつかむことは難しいのです。そこでグリップに加える「押し支え感覚」を習得するためには、それ専用の練習が必要となります。ではさっそく実践に入っていきましょう。

1 ヘッド固定感覚習得グリップ

作り方 左手はグリップの形から親指を立てた形を作る。左腕は、立てた左親指が外側に動くような力を加える。右手は従来のグリップ間の間隔をつめて、右人差し指の鍵型が左親指の先端に引っかかるようにして親指を立てる。右腕もこの右親指が外側に動く力を加える。これにより両腕ともそれぞれの親指が外側に向くように力を加えることになるが、両手が合体して両腕の力がバランスが取れると両方の親指は正面から動かなくなる。

ポイント この手の形では、左右の肘の絞りの力が右手の生命線と左手の親指横の接点に集まっている感覚が確認できる。そして、同時に両親指が左右に動かない感じが実際のクラブを握った時にシャフトを左右に動かさない感じにつながる。

習得理由 アドレス時にクラブは両肘のバランスによって体の正面にセットされ、両肘の絞り力によって左右に動かない状態を維持しながら体の回転で横に動く。その後、クラブは左右手首と腕の動きによって縦プレーン上での上下に動く。この左右の肘の絞りがクラブヘッドの先行で発生するプルボールやクラブヘッドが遅れることで発生するプッシュボールを防ぐ。

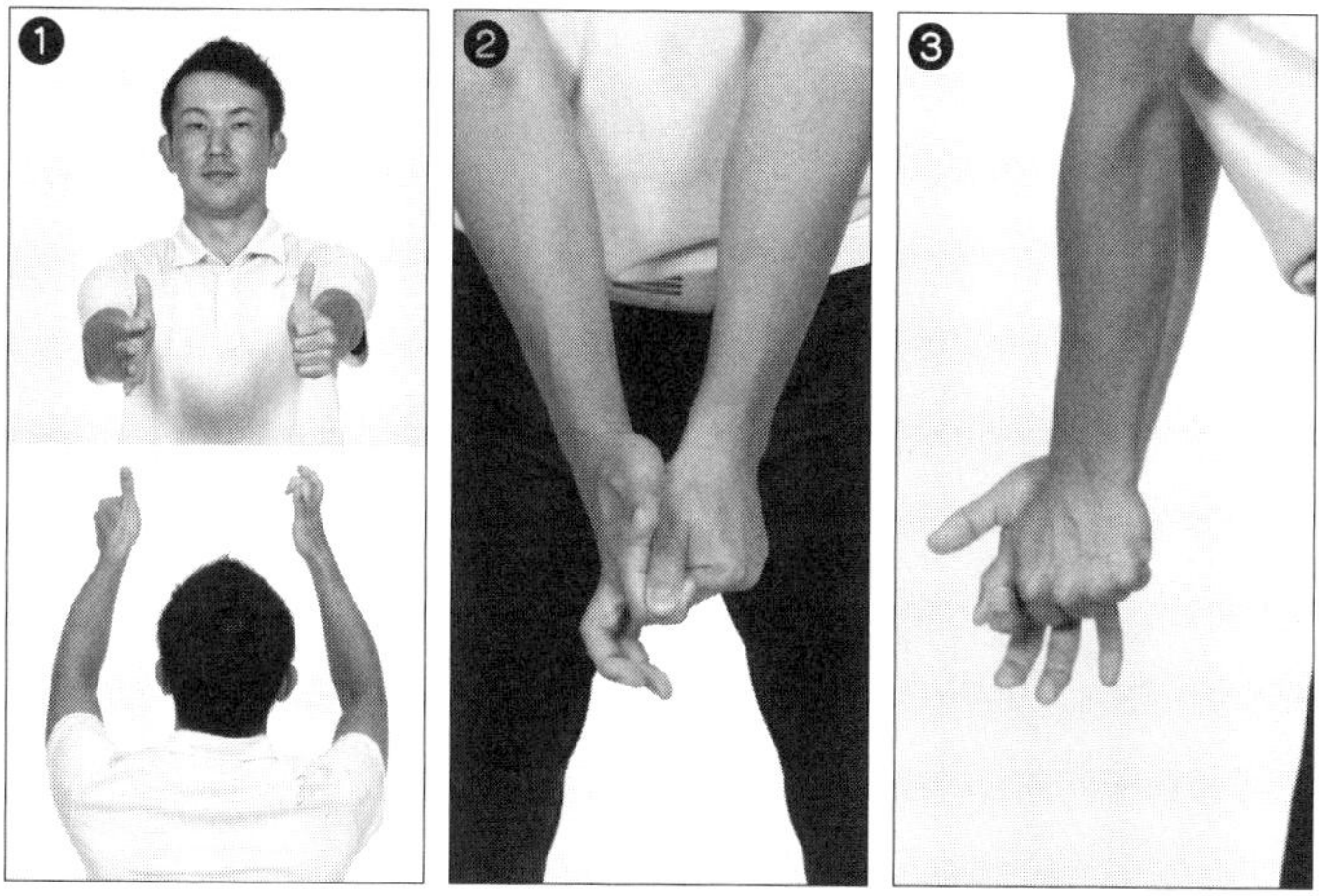

このボディフロー・ラーニング用グリップでは、両肘の絞りの力がグリップのどの部分に働いて、それがどういう効果をもたらすのかがわかる。

両肘の絞りによってグリップの一体感が強調されるのと同時に、正しいグリップでは、その力のバランスで、クラブシャフトが胸の前で固定されるため、ヘッドの位置も左右に動かなくなる。

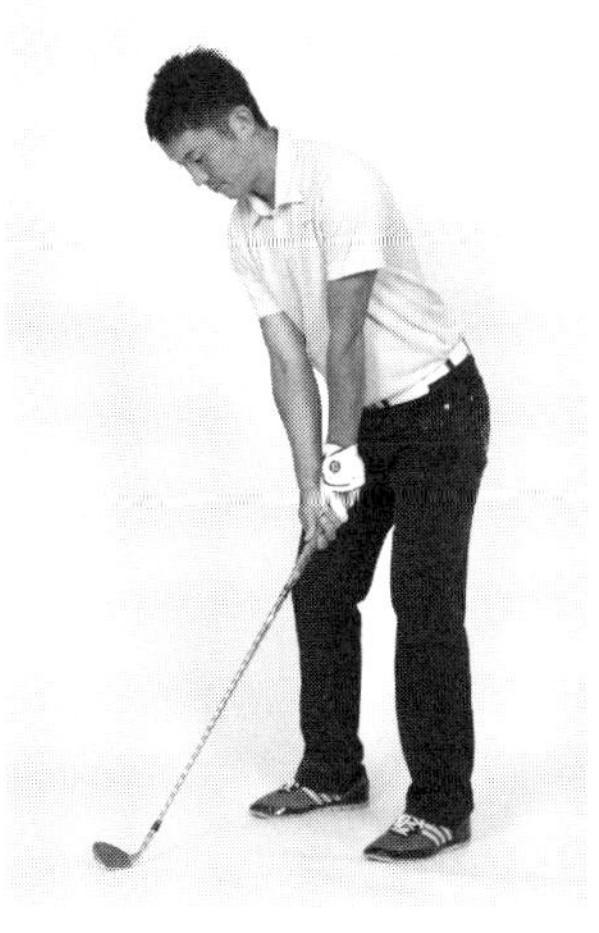

2

ヘッド高さ感覚習得グリップ

作り方　左手の掌底と右人差し指から小指までの4本の指を合わせる。左腕は掌底を通して下方向に力を入れる。これに対して、右手の4本の指は左手の押さえ力に下から支えるように抵抗する。

ポイント　この手の形は、クラブシャフトに働く左腕の押さえ力と右手の支えの力を感じることができる。この2つの力のバランスで、アドレス時のグリップの高さを再現する。どちらかの力が強いと手の位置は上がってしまったり、下がってしまったりする。

習得理由　スイング中　左手はクラブに上から押さえる力を加え、右手は下から支えている。インパクトエリアでもこの力がバランスよく加わることで、クラブヘッドは常に同じ高さを通過するようになる。しかし、ダウンスイング時に右腕がボールを打ちにいくと、右手が上になりフェースは左下を向くため、低く左に曲がるボールが出やすくなる。正しい手の合わせ方と力配分を習得すれば、高弾道のストレートボールが打てる。

左右の腕が2つの力を同時にクラブに加えるということは、手首でフェースを左右に動かすことができなくなる。そのため曲がりを防止することができる。

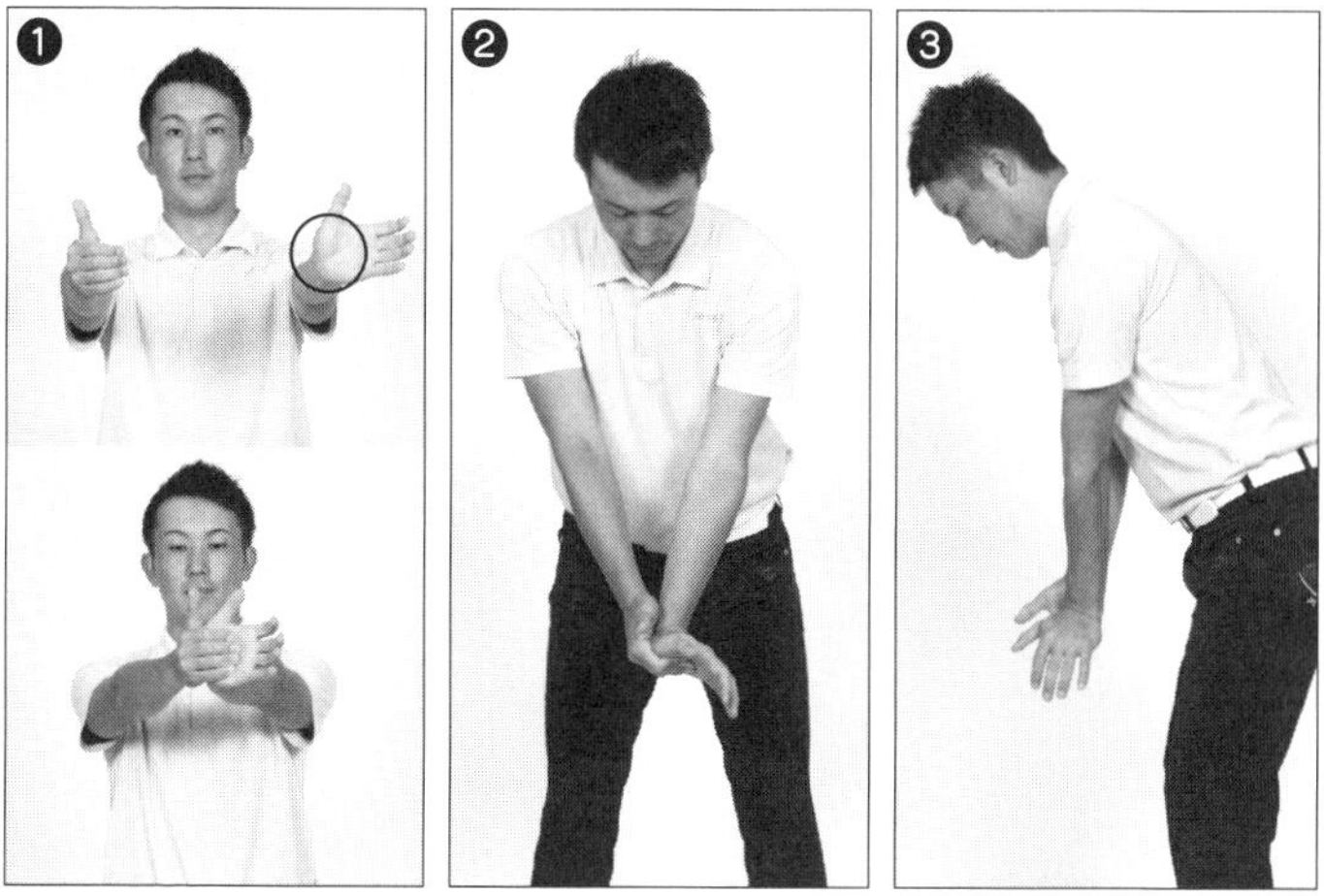

掌底とは手のひらと手首の間の硬い部分。ここに右手の4本の指をあてがう。

アドレス時のグリップの高さは、個人差があるものの、おおよそ腰骨と膝のほぼ真ん中になる。各プレーヤーが毎ショットでその位置を再現するには、アドレス時にどのような力をクラブに加えているかを習得する必要がある。

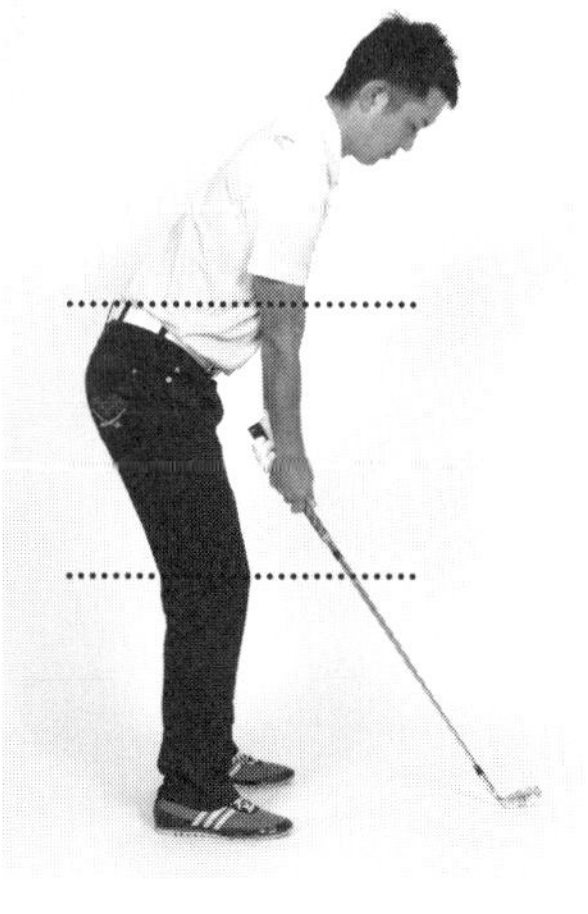

正しいアドレスを作る

ゴルフスイングにおいて、正しいアドレスを作ることはもっとも重要な項目の1つです。正確に狙った場所へボールを運ぶためには、毎回同じように正しいアドレス姿勢を作る必要があるのです。

テレビ中継などでプロゴルファーのショット前のルーティンを見ているとわかりますが、毎ショットごとに正しいアドレスを作ることに相当の神経を使っています。

いっぽうショットが安定しないアマチュアゴルファーの場合、そのほとんどのケースがショットごとにアドレスが違うのです。前傾角度、背筋の伸ばし方、頭の高さ、体の各部分の位置が安定しないのですから、同じ弾道のショットが繰り返し打てるはずもありません。さらにコースに出れば傾斜地からのショットもあれば、ショットとショットの間にたっぷりと時間があるなど、練習場とは環境もリズムもまったく別物になってしまいます。

こんな状態で普段から安定したアドレスを意識していないアマチュアゴルファーが、コースで安定したショットを繰り返すのは、やはり難しいといえるでしょう。

打つ前の構えのことをアドレスという――。ゴルフをやっていてこれを知らないという人はいないと思いますが、その正しい作り方を知っている人はどれくらいいるでしょうか。

アドレスは体の回転の準備です。そしてこの準備がしっかりとできてこそ、体は正しく回転します。そのため上半身の前傾角度、上半身の軸、下半身の回転力を引き出す膝の曲げ角度をしっかり作る必要があるのです。

ゴルフスイングでは上半身は前傾角度を維持したままの回転を行うのですが、この動きは誰もが簡単にできるわけではなく、ゴルフスイング独特の動きといえます。体を前傾させたままの回転という特殊な動きのためには、はじめの準備が肝心なのです。

また、上半身の回転軸は背骨の上部から後頭部にかけての位置になるので、アドレス時に回転軸がわかりやすい姿勢を作ることも重要です。

さらに膝は、アドレス時に曲げ過ぎても、曲げなさ過ぎてもだめなのです。ほどよい曲げ角度を習得して、腿《もも》をねじる回転を行いましょう。

そして腕は、アドレス時に両肘を絞るようにして胸の前に固定しておくことが望ましいのです。これによってグリップによるヘッドの固定がより一層強固なものとなり、安定したクラブ軌道が生み出されるのです。

これらすべてを偏りなくセットすることが、正しいアドレスのポイントです。

1 上半身の軸を作る

作り方 足幅はスタンス幅とほぼ同じでかかとの間は30センチ。直立姿勢で胸を張り、腕を下げ、肘の内側を上に向ける。そして、上半身の形を崩さずに前傾させる。

ポイント 肩甲骨を寄せるように胸を張りながら、両肘を絞る。そして、その後に前傾する。この時、膝の角度は変えずに上半身だけ前傾する。胸の張りすぎで肘の絞りが弱い、または肘の絞りすぎで猫背になってしまうのはＮＧ。

習得理由 アドレス時の上半身は、胸を張るための筋肉と、肘を絞る胸の外側の筋肉が同時に力を発揮しバランスが取れた姿勢となる。この2つの力の働きは、スイングがスタートした後「上半身の軸を保った回転」と「両肘を絞ったクラブの上げ下げ」につながる。上半身の軸を保った回転は高速のボディターンを実現し飛距離を伸ばし、肘を絞ったスイングはインパクトエリアのスイング軌道をインサイドインにするので、ボールの飛び出し方向を安定させる。そのため、アドレスでは2つの力のバランスの取れた姿勢が重要になる。どちらか一方の力が強いと、よいスイングの妨げとなる。

この動作では、アドレス時の肩甲骨を寄せる背中の筋肉と、肘を絞る胸の外側の筋肉のバランスを習得する。

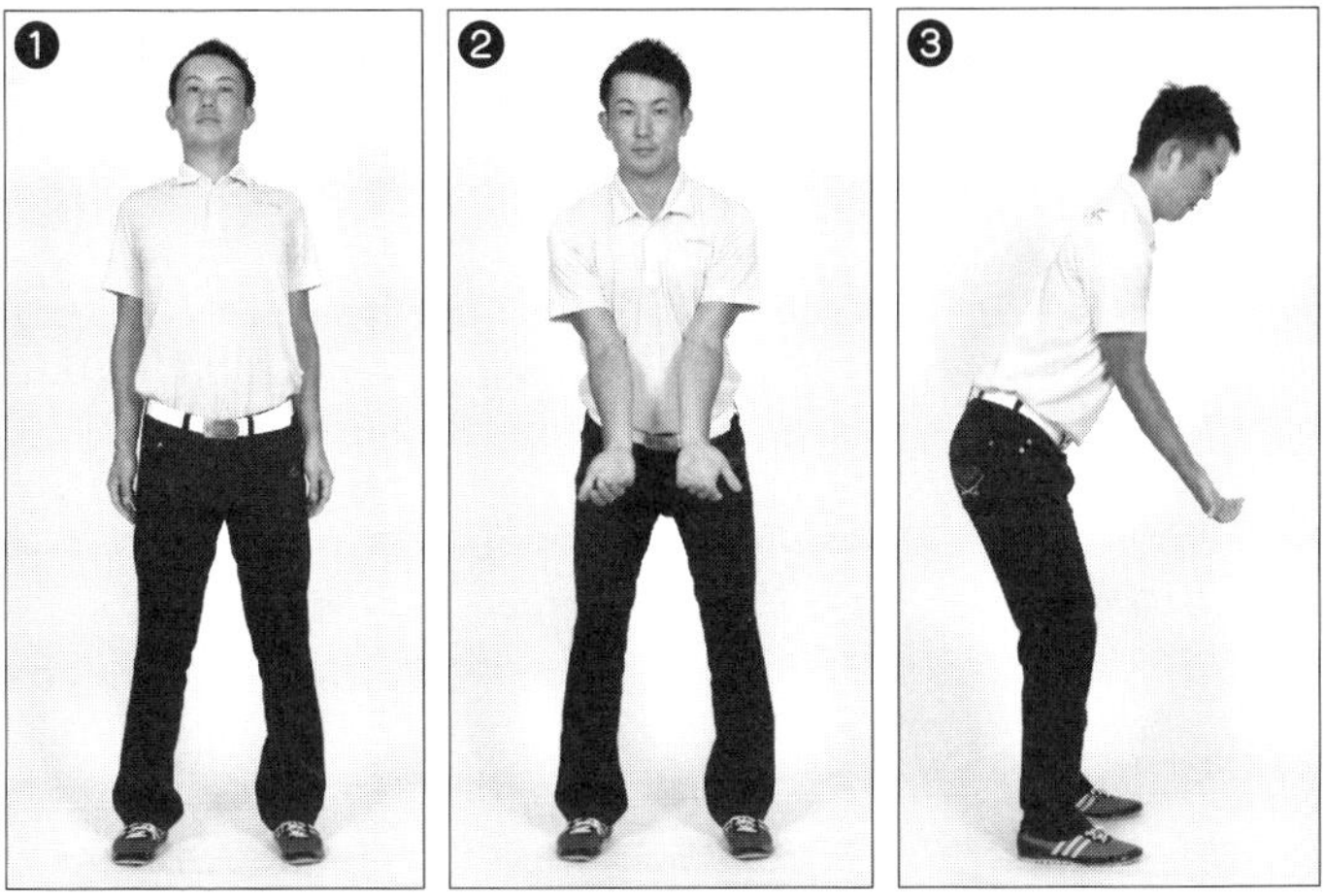

胸を張りすぎると、肘の絞りが弱くなり、逆に絞りすぎると背中が丸まってしまう。

胸を張り肘を絞るのは、相撲の「はず押し」の感じに似ている。両方の力のバランスを感じよう。

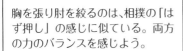

2 前傾&首角度を作る

作り方

上半身を前傾させ、膝を正しく曲げ、顎を引く。指先を見ながら両手を太腿の上に置く。この時の手の位置は、中指の先端が膝頭に届く位置。そこから一旦後頭部を後にそらし、天井を見るような姿勢をとり顎を引く。この時にできる背中上部の筋肉の緊張感を維持したまま顎を引くことが重要。

ポイント

この動作では、後頭部の後ろに上半身独自の前傾軸を作るのがポイント。背中の上部に緊張感があることが重要。上からボールをのぞき込むようなアドレスはNG。

習得理由

スイング中、上半身は上半身の軸で回転する。この軸は背中上部から後頭部にかけて作られるため、スイング中の両肩はバックスイング時に左肩が下がりダウンスイングからフォロースルーにかけては右肩が下がる。

しかし、軸の間に首関節があるため、必要以上にボールをのぞき込むようにすると、後頭部の後ろを軸とした回転をするのか、背骨上部を軸とする回転を行うのか迷ってしまい、スムーズな回転ができなくなる。その結果、上半身がダウンスイング時に様々な動きをしてしまいミスショットの原因となる。アドレス時に首と背骨の間にしっかりとした一本軸を作ることが重要。

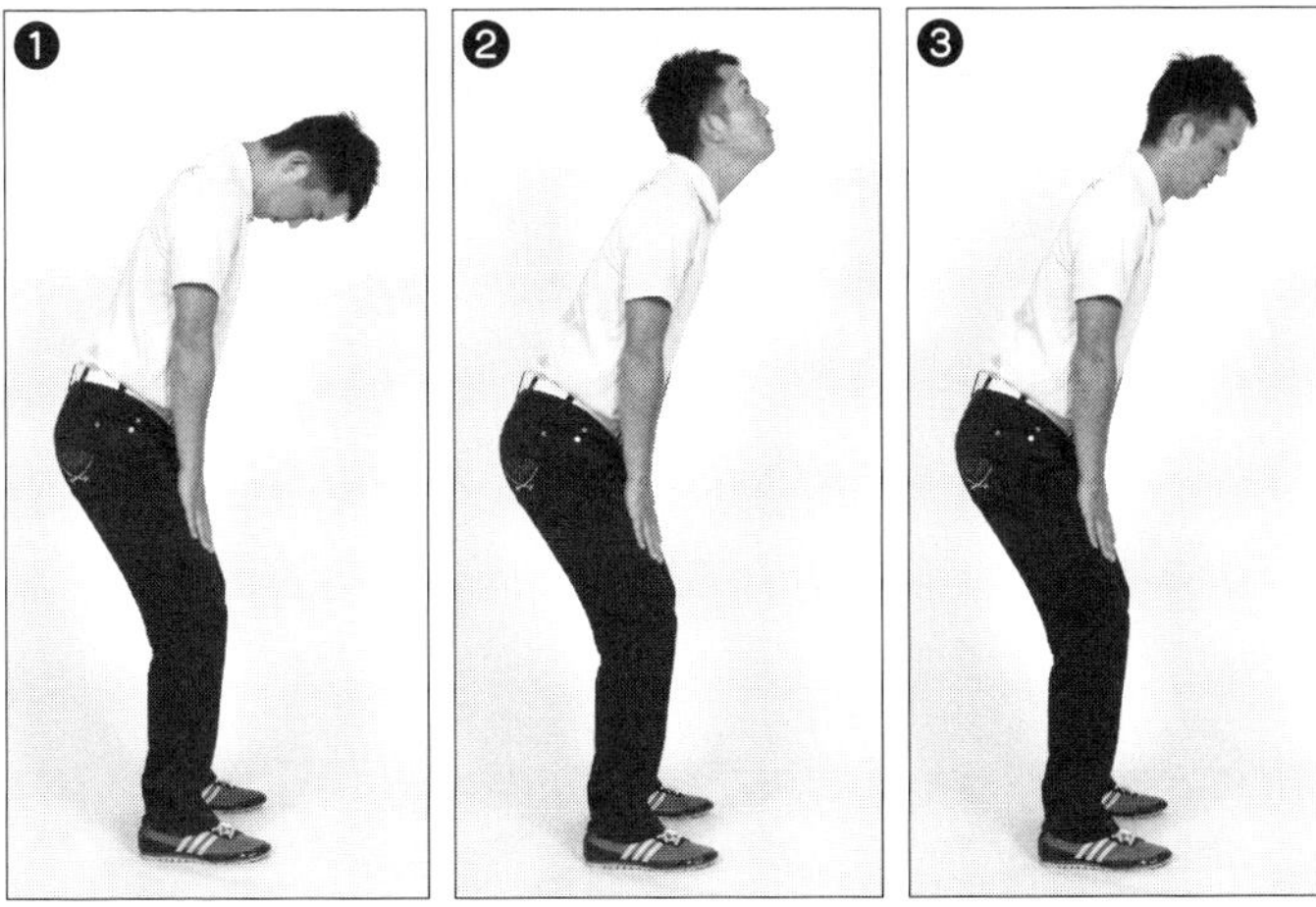

背中上部の筋肉と顎の下の筋肉の引っ張り合いのバランスで上半身の軸は安定する。この動作を何回か繰り返すことで正しい上半身の軸を作りながら上半身の最適な前傾角度と、回転軸を直線状態に維持する感覚がつかめる。繰り返し行えば背筋上部のトレーニングにもなる。

ボールを上からのぞき込むように構えると、背中上部の軸と後頭部の軸が１本でつながらない。このアドレスでは上半身の速やかな回転が行えないため、飛距離が出ないショットが多くなる。

3 最適な膝の角度を作る

作り方

アドレス姿勢から上体を前傾させ、両手を太腿の上に置き、膝を伸ばす。この姿勢から正しい膝の曲げ角度を作って再び両膝を伸ばす。この時の膝の曲げ具合は拇指球の垂線に膝頭が触れるぐらいなので、始めに図②のようにして正しい曲げ角度を覚えておくとよい。次に再び両膝を伸ばした姿勢を作る。この膝の曲げ伸ばしを何度か繰り返すことで正しい膝の曲げ角度を覚える。

ポイント

腕の位置や前傾角度が変わらないよう注意しながら膝の曲げ伸ばしを行う。膝を曲げ過ぎるとお尻の位置が下がり前傾角度がなくなってしまう。

習得理由

この動きでは、正しい膝の曲げ角度が習得できると同時にその姿勢に必要な太腿の筋肉が鍛えられる。コースのラウンドでは後半になると脚に疲れがたまり、膝が伸び気味、もしくは大きく曲げてしまいやすい。膝が伸びてしまうと、回転時に太腿の筋肉が使えなくなるため、飛距離が出にくくなる。

逆に膝を曲げ過ぎると、斜面などの膝の曲げ角度でボールとの距離を調節する場面では調整ができなくなってしまう。

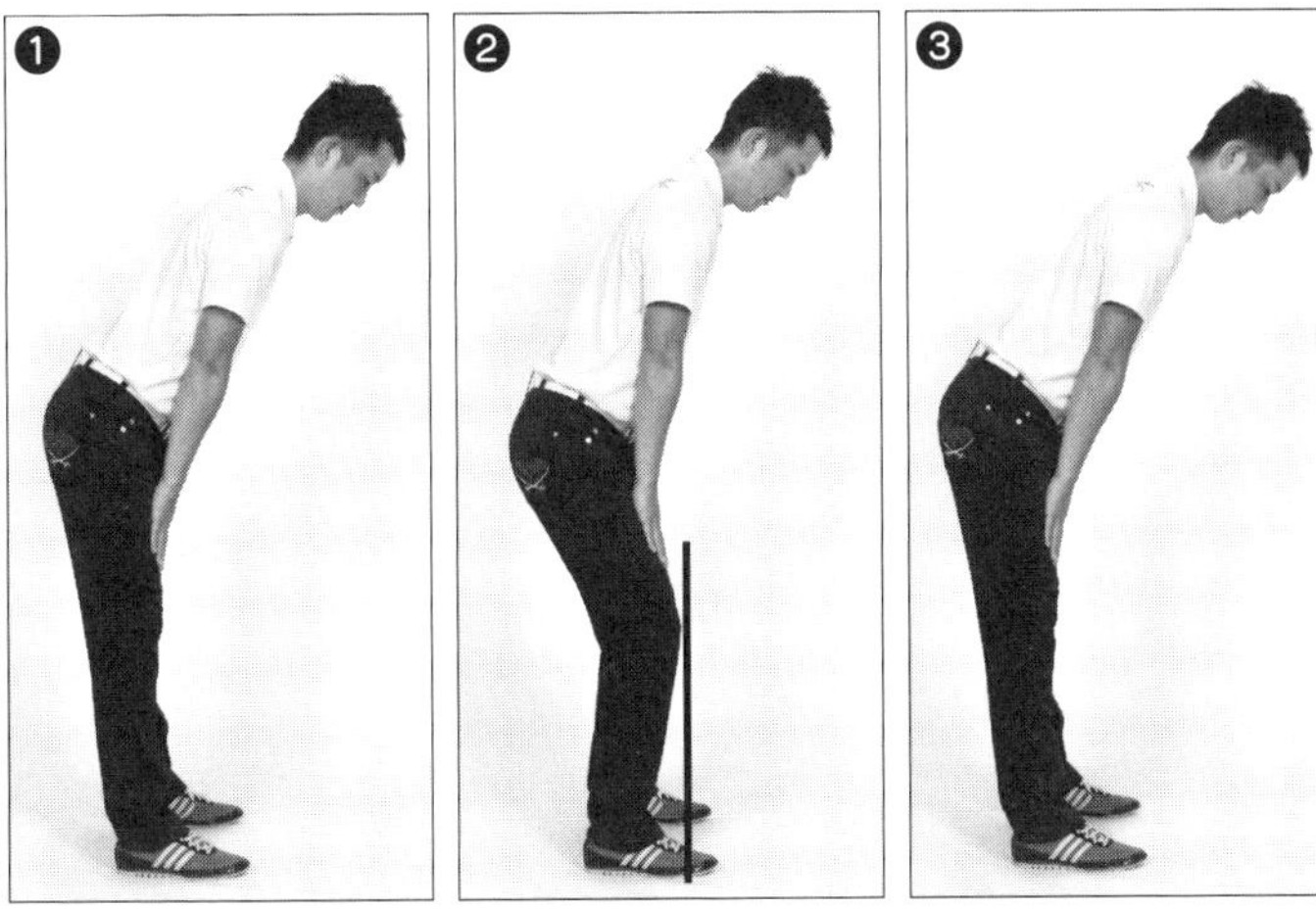

膝の正しい曲げ角度は太腿に負担がかかるため、この動作を繰り返し行うことで正しい角度が再現できるようになると同時に、下半身が鍛えられラウンド後半に強いゴルファーになれる。

アマチュアゴルファーに多いアドレスのＮＧ。膝の曲げ角度が大きいため、上体の前傾角度がなくなってしまっている。これだと肩が水平方向に近い回転をしてしまうため、トップショットが多くなる。

4 肘の絞りを作る

作り方 アドレス姿勢と同じスタンス幅で直立姿勢をとる。両腕を水平に上げ、両肘を外側に向け、親指を内側に向ける。その後、両肘を下に向け、親指を外側に倒す。そして、両肘の向きを変えずに両手のひらをグリップできる向きにセットする。

ポイント 両腕を伸ばして肘頭を下に向けながら、両手のひらが合わせられるようにする。この時の両肘頭を下に向ける動きは胸の外側の筋肉で行われている。これに対して、手のひらは、肘頭から先だけ動かして手のひらの向きを変える。手のひらを動かす時に肘の向きが変わってしまうのはNG。

習得理由 アドレス時からスイング中にシャフトを正しい位置にセットする両肘の絞りと、その絞りを行う胸の外側の筋肉の使い方がわかる。クラブシャフトは縦プレーン上で上下に動くが、この動きに体の回転が加わるとクラブシャフトはヘッドの慣性で斜めに傾く。

この時に肘の絞りが緩いとクラブシャフトの傾きは必要以上に大きくなって、プレーヤー自身がインパクトまでに戻さなければならなくなってしまう。この戻しはダフリショットやプルボール、フックボールを発生させてしまう。

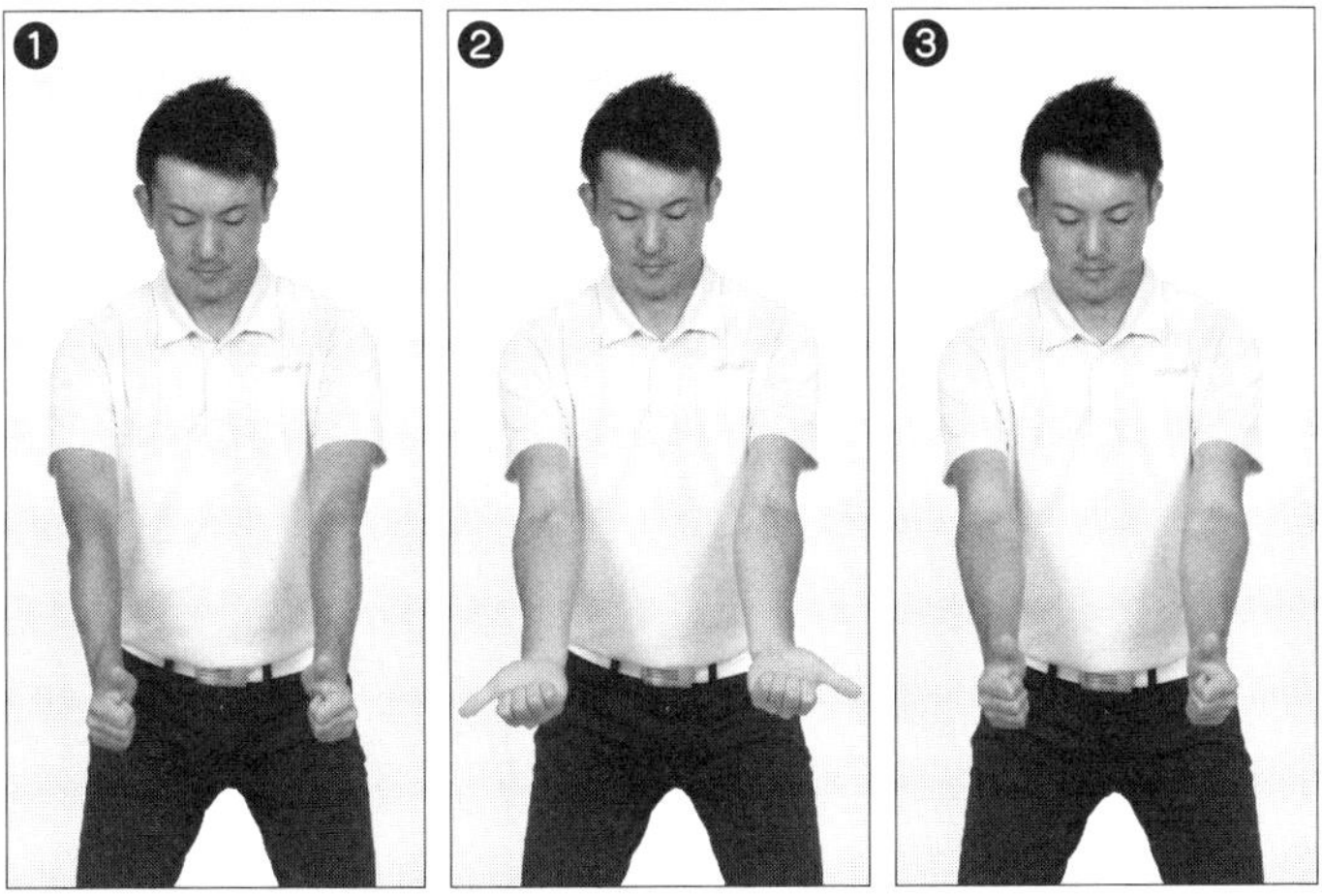

この動作では肘から上の上腕の形を変えずに、手のひらの向きを変える練習ができる。スムーズにできるようになるまで繰り返し行おう。

肘の絞りに慣れておかないとグリップの向きに影響を与えてしまう。肘を絞る力を加えると同時に手のひらが上を向いてしまうようなことがある。右グリップに関しては多少手のひらが上向き気味でも問題はないが、左グリップに関してはスライスボールの原因となるので注意が必要。バレーボールのレシーブのイメージで肘頭だけを下に向けよう。

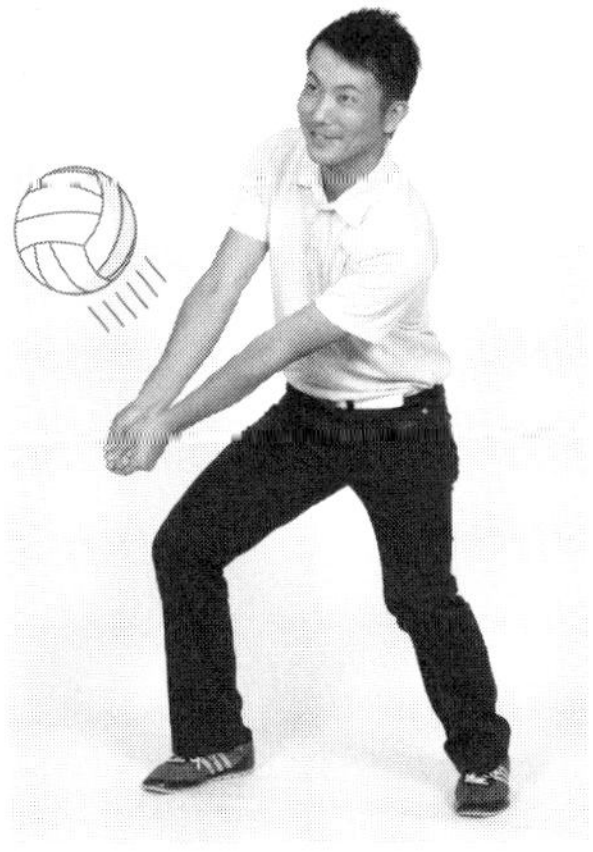

正しいグリップとアドレスなくして、スイング作りは始まらない

飛んで曲がらないショットが何度も打てるスイングを手に入れたいと望むプレーヤーは非常に多くいます。しかし、ほとんどの人はクラブを振り、ボールを打つことばかりに目を向け、もっとも重要かつ基本的なグリップとアドレスをおろそかにしているのです。

私が作り上げたコンバインドプレーン理論では、ゴルフスイングは「腕の縦の動き」と「体の横の回転」の合成で成り立つと説明していますが、この考えのもとでは、アドレスは「体の横の回転」の準備、グリップは「腕の縦の動き」の準備として、安定したスイングを習得する上で、重要なポイントになっています。

具体的に説明すると、ロングドライブを実現するためには体の高速回転が必要ですが、それにはアドレス時に上半身が滑らかに回転できる上半身の軸を作っておくことが重要になります。

さらに、体の高速回転の動力となる下半身が十分な回転力を発揮するためには、膝を適度に曲げておく必要もあります。

いっぽうグリップは、腕はスイング中に縦方向に動きやすく、横方向には動かしにくい形になっている必要があります。この動きとフェースの固定を両立させるグリップができ

れば不要なフェースローテションを抑えることができるのです。

また、直進性の高いボールの条件である縦方向の強いバックスピンをボールに与えるためには、ダウンスイング時の腕の動きにタメが必要となりますが、このための習得にはクラブを振り下ろす力と振り上げる力が、はっきりわかるグリップが求められます。さらに、同じ球を何度も打つという目的のためには、アドレス時の首と上半身の前傾を毎回同じ角度にしてグリップの左右の位置、高さも常に一定にしておく必要もあるのです。

このように見ると、**打つ前の準備のないところには、求めるいいショットを実現してくれるスイングは存在しないことがわかるでしょう。なぜならアドレスやグリップが違えば同じスイングを行っても同じ結果がでないうえに、同じスイングが行える可能性もとても低くなってしまうからです。**

そこで、第2章で学んだグリップとアドレスに働かせる力を、クラブを持たずに何度も確認し、クラブを持ってボールに向かって構えた時にも、これらの力が働いていないグリップとアドレスではしっくりこないという感じがするまで練習してください。

グリップとアドレスがしっかりしていると、スイングの仕方もおのずと変わってきます。それが、グリップとアドレスが基本だといわれる所以《ゆえん》です。

第3章

ゴルフクラブを持たずに上達する

―基本動作の解説編―

体の動きを理解するための5つのスイングドリル

ゴルフスイングは体の様々な動きが組み合わされた運動です。上半身、下半身、腕、手首など、それぞれに役割分担が決まっており、バラバラの動きをします。

そのため、それぞれの動きを確実に習得しないかぎり、どこかに問題を抱えたスイングであることは間違いなく、調子のよいときは上手くボールが打てたとしても、ちょっとしたことが原因でミスショットが止まらなくなってしまうようなことになるのです。

そこで、ゴルフスイングが持つ独特の動きの中でも、最低限習得しなければならない動きを、クラブを持たずにスイングすることで効率よく習得していきます。

これによって、フルスイングに含まれる体の各パーツの正しい動きが習得できれば、それは自分に合った最適なスイングの土台が身につくということに他なりません。

これから説明していく習得方法は、ボールをじっと睨みつけ、そこにクラブヘッドをぶつけるような練習（ボールヒットが最重要課題で、ボールが当たるようになってから、飛ばない、曲がるということに気がつく練習）に比べてはるかに効率よく正しいスイングを習得することができます。

第3章で学ぶスイングドリルではスイングを構成する体の各部の動きを知ることで、自分のスイングの問題点をより確実に把握することができます。そのため**日々のトレーニングでも、自分自身のウィークポイントを重点的に練習したり、コースに出た時に不安な動きの一部分だけを、ショットの合間に軽い体操感覚で確認することもできるのです。**また、それぞれの動きはアプローチショットにも応用できるため、練習効率がよいことは間違いありません。

また、今では映像機器の進化もあり、誰でも簡単にスマートフォンでスイング映像を撮影し、後で確認することができます。ただ、映像に記録して見直すという作業は、ボールを打った後であり、実際にボールを打つ瞬間は確認することができません。

しかし、**クラブを持たずに動きながら行う本書のスイングドリルは、ボールがないため、スイング中の自らのフォームが鏡などで確認できることが最大の特徴でありメリットです。**鏡に映った姿で、ゴルフスイングに必要な体の各部分の正しい動かし方が自分で確認できるため、従来の練習方法よりも、より早くスイングフォームを身につけることができるようになるのです。

1 インパクトエリアの動作を作る

作り方 ヘッド固定感覚習得グリップでアドレス姿勢をとる。アドレスができたら、後頭部から背中上部のラインを軸に、両肩を飛球線後方に45度回す。そこから、同じ軸で体を反対方向に回転させ、両肩を目標方向に45度回させる。

ポイント 前傾姿勢での肩の回転は、バックスイングでは左肩が下がると同時に手元はアドレス時よりややインサイドに動く。また、フォロースルーでは右肩が下がると同時に手元はやはりインサイドに動く。スイング中は手首と肘を固定し、体の回転でクラブを動かすことがポイント。

習得理由 覚えるべき項目は、胸の上に固定した両腕を背中の回転で動かす感覚。これによって実際のスイングの手首と肘を固定したインパクトエリアのクラブの動かし方、スイング始動期の左肩の下がり、フォロースルーでインサイドに振り抜かれるクラブの動かし方が覚えられる。

また、ボールがふわっと上がるアプローチショットもできるようになり、さらに上体の突っ込むバックスイングが矯正されるため、シャンクショットやテンプラショットもなくなる。

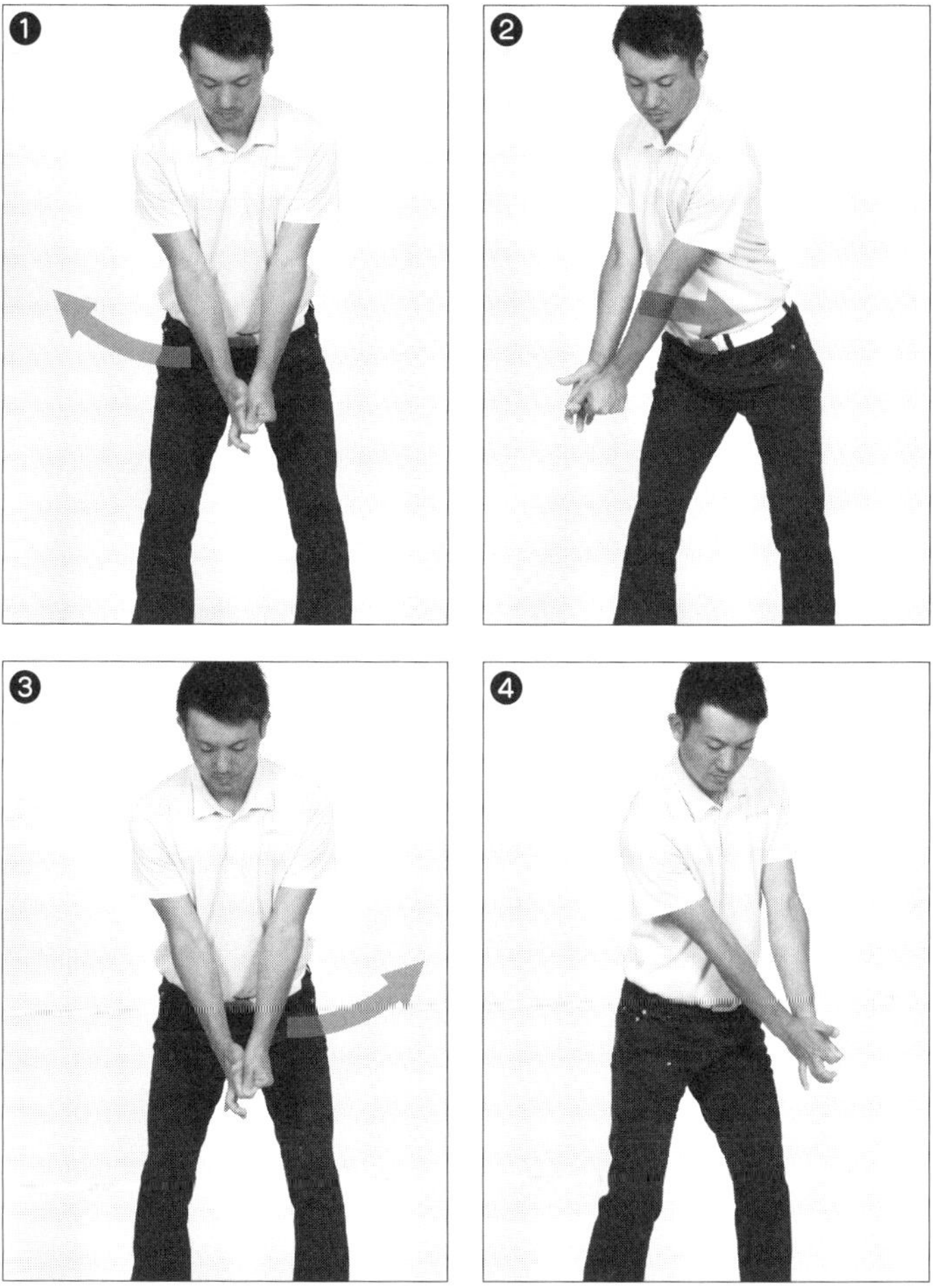

アドレス時①の腕と手首の形を変えずに体の回転で腕を動かす。この動作は肘から先を固定しようとする腕の力と、上半身の体を回転させる力の共同作業で成り立っている。実際にクラブでボールを打つ際も、この２つの力が感じられるように練習しよう。

2 ターン動作を作る

作り方 ヘッド固定感覚習得グリップでアドレス姿勢をとり、後頭部から背中上部のラインを軸に両肩をバックスイング方向に90度回す。そこから、頭部から頸椎のラインを意識し、左脚を軸に体をフォロースルー方向に回転させ、最後の姿勢で右足は爪先立ちなる。

ポイント バックスイングの動きは上半身始動で行うが、フォロースルー方向の回転は下半身先行で行うことが重要。この時、上体は左脚の上に移動するように回転し、体重のほとんどは左脚の上に乗り、右かかとは完全に浮く。

習得理由 ダウンスイングからフォロースルーにかけてのターン動作では下半身、時に左脚が中心となるため、このドリルで左脚中心の動きを身につける。

ここでのターン動作では上体がダウンスイングからフォロースルーにかけて左脚の上に移動しながら回転するので、ボールの右側を叩いてしまうダフリショットが減らせる。また、上体前傾した軸で回転するため、バックスイング方向の回転では左肩が下がり、フォロースルー方向の回転では右肩が下がることになる。実際のスイングでこのターン動作ができるとボールの飛び出し方向が安定する。

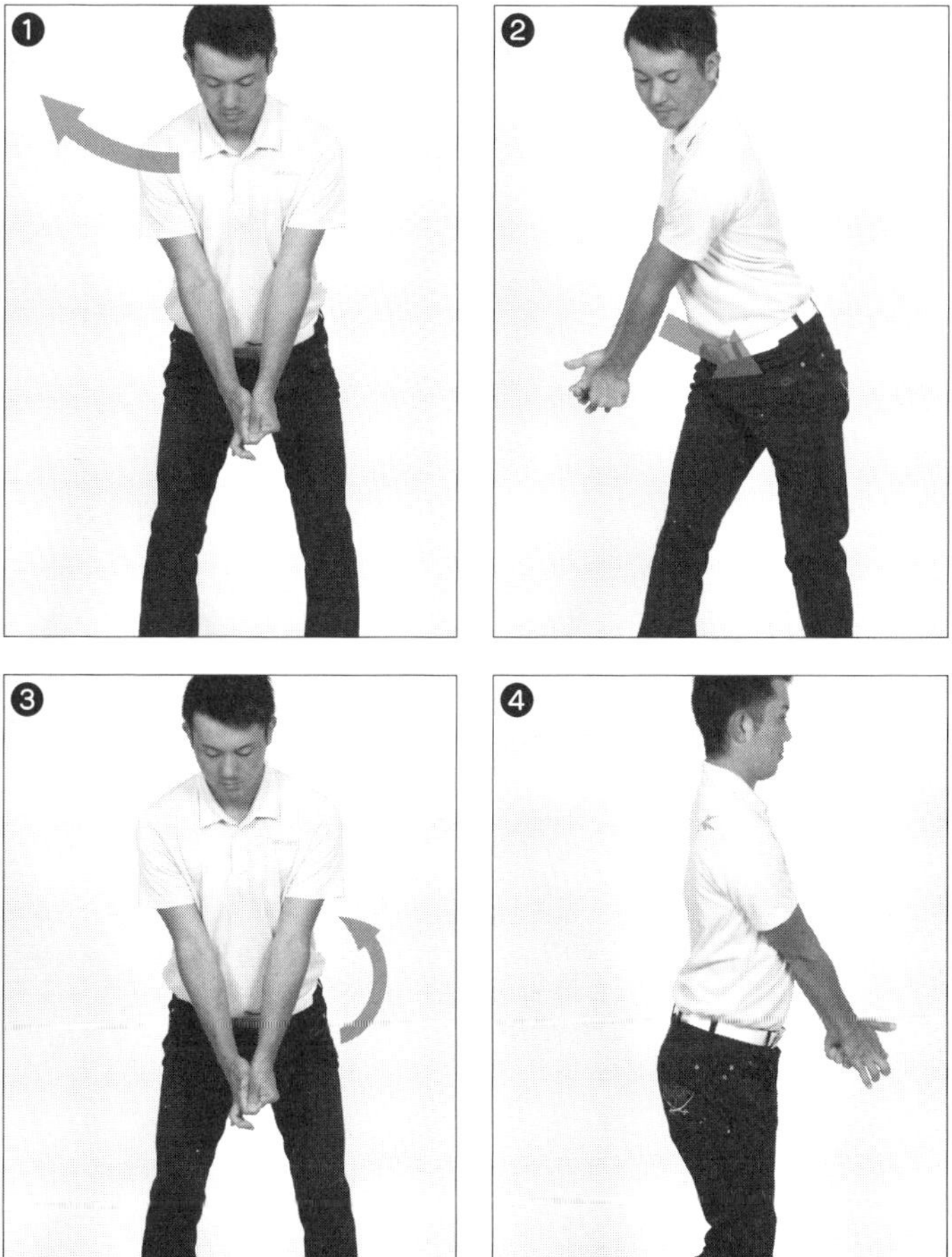

インパクトエリアの体の動き（P.68）を大きくしたものがターン動作作り。ここでも、腕と手首を固定し、体の回転で腕と手首を左右に動かす。インパクトエリアの体の動きと異なるのは、フォロースルー方向の回転を下半身主体で行うことにある。

3 手首のコック動作を作る

作り方

ヘッド固定感覚習得グリップでアドレス姿勢をとる。アドレスができたら、後頭部から頸椎のラインを軸に両肩を飛球線後方に90度回す。その間に右手の人差し指を引くように手首を縦方向に動かして両親指が天井を指すようにする。これがバックスイングでのコック動作になる。

そこから、腕を真下に下げながら手首の角度も元の角度に戻しつつ体を回転させる。そしてフォロースルー方向に肩が45度回転したあたりから再び右手首の動きを使って、両親指が天井を指している最終姿勢を作る。インパクト以降の手首の動きがフォロースルーのコック動作になる。

ポイント

コック動作を正面から見た場合、前方の腕（バックスイング時の左腕とフォロースルーの右腕）はしっかり伸ばす。後方の腕はやや曲がる。また、「腕の動き」が加わったことにより、ターン動作が変わらないことが重要になる。

習得理由

このトレーニングで覚える手首のコック動作は「テコの原理」により小さい力でクラブヘッドを大きく動かす方法となる。そのため、コック動作をスイングに取り込むことができれば飛距離は伸び、バックスピンをかけることができる。

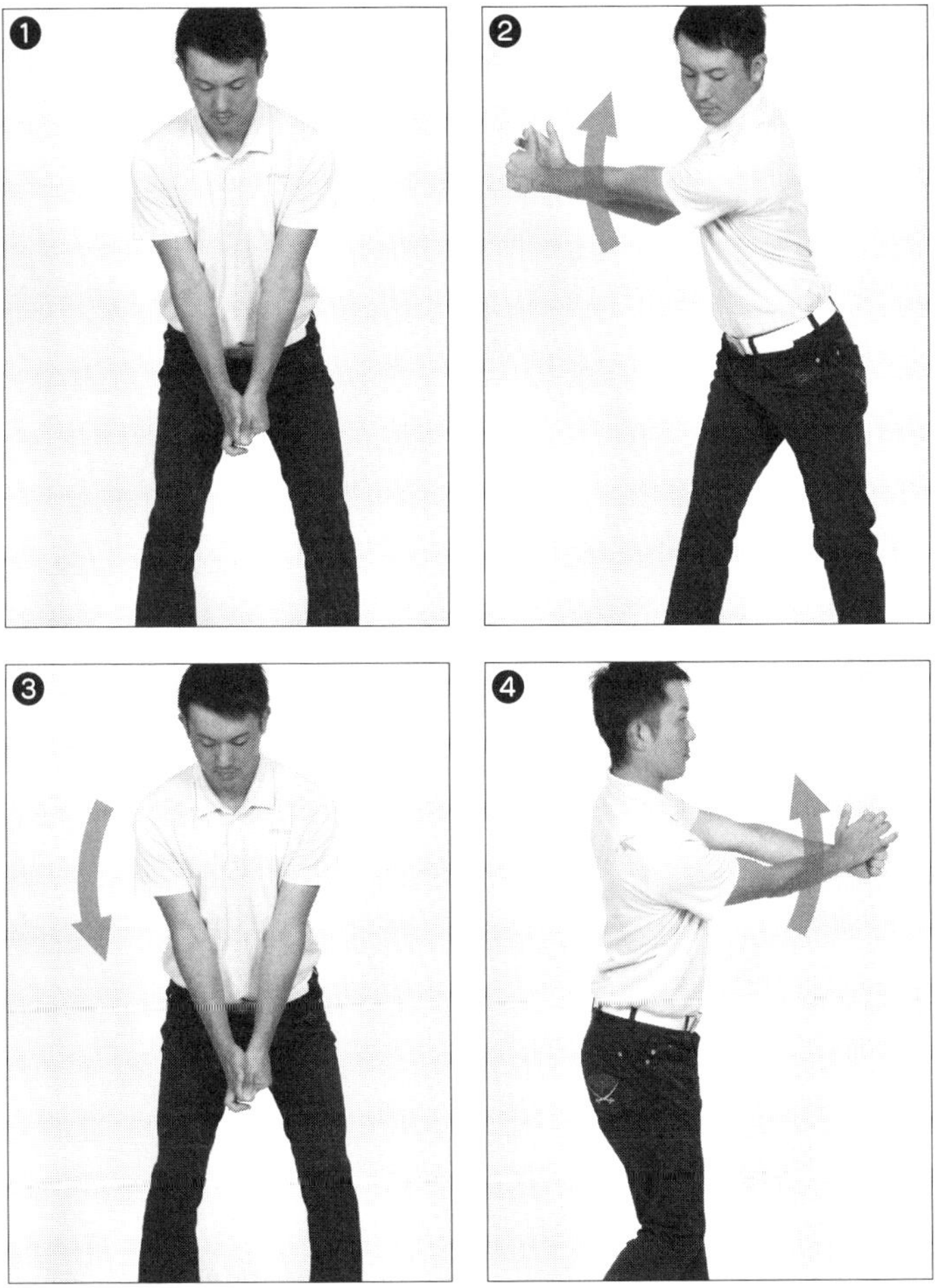

②と④では手首の縦方向の動きによって腕が上がる。このとき、腕自体を上げるのではなく、あくまでも右手首の縦方向の勢いで腕が上がるのが望ましい。そのためにも左右のグリップの一体感がとても重要になる。

4 腕と肘のリフトアップ動作を作る

作り方

ヘッド固定感覚習得グリップでアドレス姿勢をとる。上体の回転でバックスイングを開始したら、手首のコック動作を行い、その後右腕を使って左腕の位置を高くする。その後、左腕を引き下ろしながら体を回転させる。インパクト後も同じように手首のコック動作に続いて右腕が左腕の位置を高くする。この動きによって両親指はそれぞれ背中が向いている方向を指すことになる。

ポイント

コック動作では右手中心で手首を動かしたが、ここではこの手首の動きに連動して右腕が腕全体を持ち上げる。この時、体が上下動して回転を妨げることがないように、左腕はリフトアップ動作にあわせてやや曲げるようにする。いつまでも無理に伸ばしていると背中が反って回転が妨げられてしまう。

習得理由

バックスイングで腕を高く上げる感覚は、ダウンスイングでヘッドスピードを上げ、飛距離を伸ばす。フォロースルーでクラブを高く上げる感覚は、ボールの飛び出し方向を安定させることができる。

トップオブスイングの腕の位置が低いと体全体をボールの方向へ動かさねばならなくなるので、クラブの重さが利用できない。高いトップオブスイングはクラブの重さが利用できるため、腕を下ろしやすい状況を作ることができる。

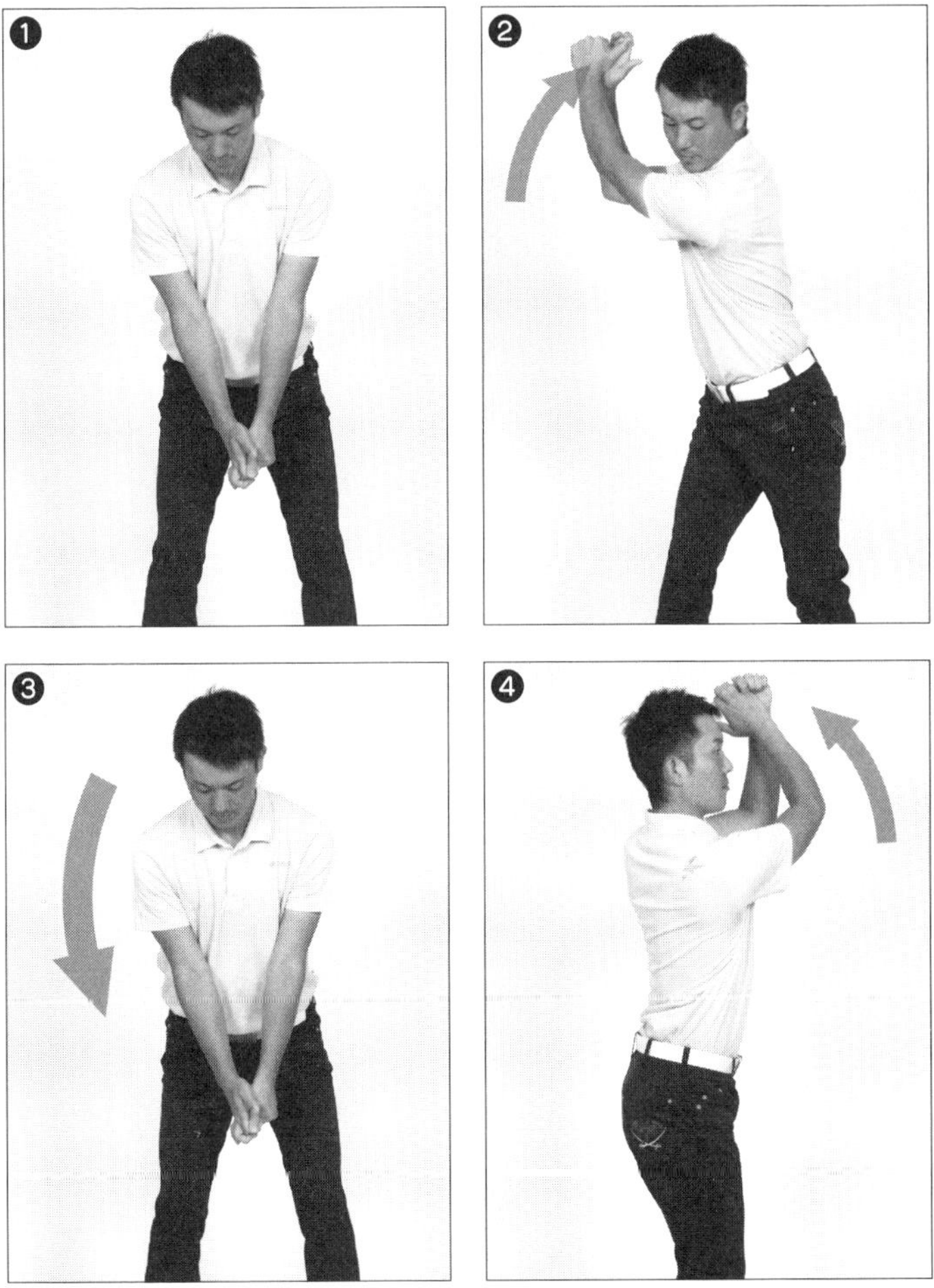

②と④では右腕の縦方向の動きに引っ張られて左腕が動く。このように見ると、バックスイングとフォロースルーのクラブの振り上げは右腕と右手首が主体で、ダウンスイングのクラブの振り下ろしでは左腕と左手首が主体となる。

5

肘のたたみ動作を作る

作り方 バックスイングでは、腕と肘のリフトアップ動作（74ページ）と同じ動きをして、フォロースルーではリフトアップ動作後に右肘を曲げて右親指を左肩につける。

ポイント 左腕は肘を曲げる動きを積極的には行わず、あくまでも右腕主体の動きに合わせるように行う。右腕の動きの中でも、中心的な動きとなるのは手首のコック動作であり、この動きの勢いによってリフトアップと肘のたたみ動作が発生する。

習得理由 肘のたたみ動作により、ゴルフスイングの腕の動きは完了する。インパクト以降の肘のたたみ動作を右腕に担当させることで、ダウンスイング時に右腕は待機することになるので、振り下ろし動作は左腕主体で行うことができる。左腕中心のダウンスイングを望む多くのプレーヤーがスイング中、右腕には何もさせないように注意しているが、これは間違い。

右腕に何もさせないようにすると、力が必要なインパクトで余計な力を入れることができてしまう。バックスイング時に右手主体で振り上げ動作を行い、ダウンスイング時に左腕主体の振り下ろしを行う。そして、最後に右手主体のクラブ担ぎ動作を行うことで、左右の腕と手のコンビネーションを作るのがベスト。

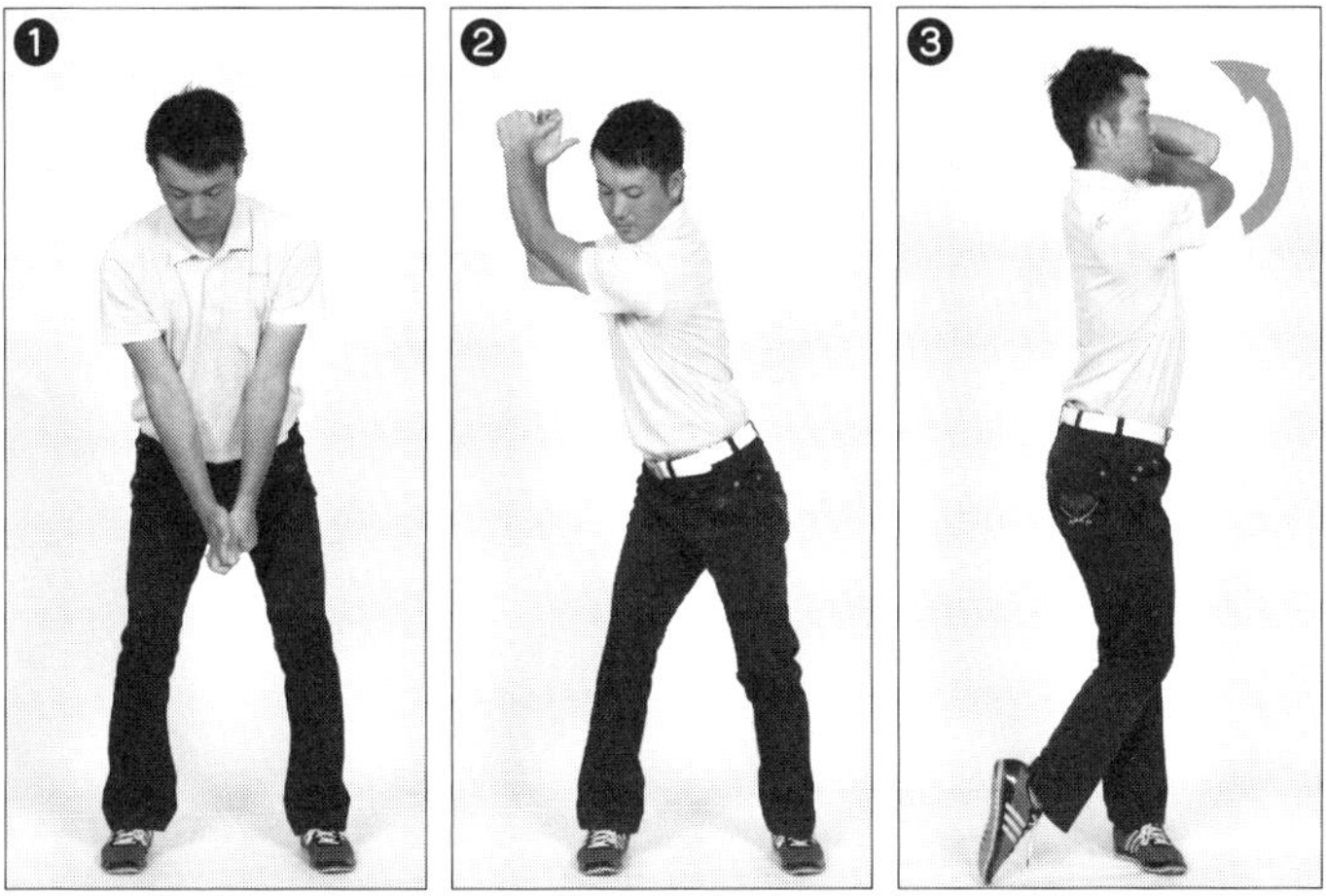

フォロースルーで行うコック動作の勢いで、一気に両手を左肩の上に運び腕の最終形を作るが、ターン動作はここまでのドリルと同じである。

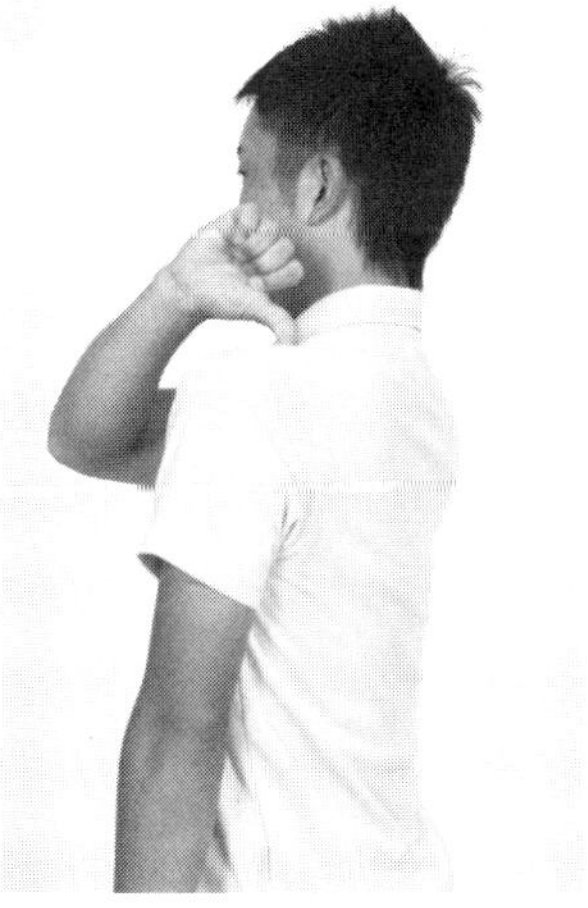

右手首のコック動作の勢いでクラブを担ぐ感覚は、右親指で肩のツボを押すイメージで得られる。

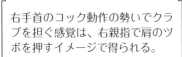

6 フルスイングを作る

作り方 肘のたたみ動作作り（76ページ）を行う間に、プレーヤー各自が可能な範囲の80％まで体を回転させる。この回転によって、肘のたたみ動作で作った右親指が左肩にタッチしている形が飛球線後方から見えるようになる。

ポイント 回転の際、膝の動きに注意する必要がある。フィニッシュで両膝を密着させることで腰が水平になり、80％回転でも腰を痛めないようにできる。逆に両膝が離れた姿勢で体を回転させると右腰に負担がかかるので注意したい。

習得理由 同じショットを繰り返すためには同じスイングを行う必要がある。毎回、同じスイングを繰り返すことができなければ、ナイスショットを打つことはできない。こう考えるとバランスを崩したスイングで打ったナイスショットでは、フィニッシュ姿勢の再現性も低く、ナイスショットを繰り返すことは難しい。同じスイングをしたということをプレーヤー自身が感じるためには、同じフィニッシュ姿勢をしたという確証が必要になる。その確証はバランスのよいフィニッシュ姿勢を作って最後に静止することで得られる。バランスのよいフィニッシュ姿勢を作れば、スイング再現性が高まりナイスショット繰り返し打てる確率が上がる。

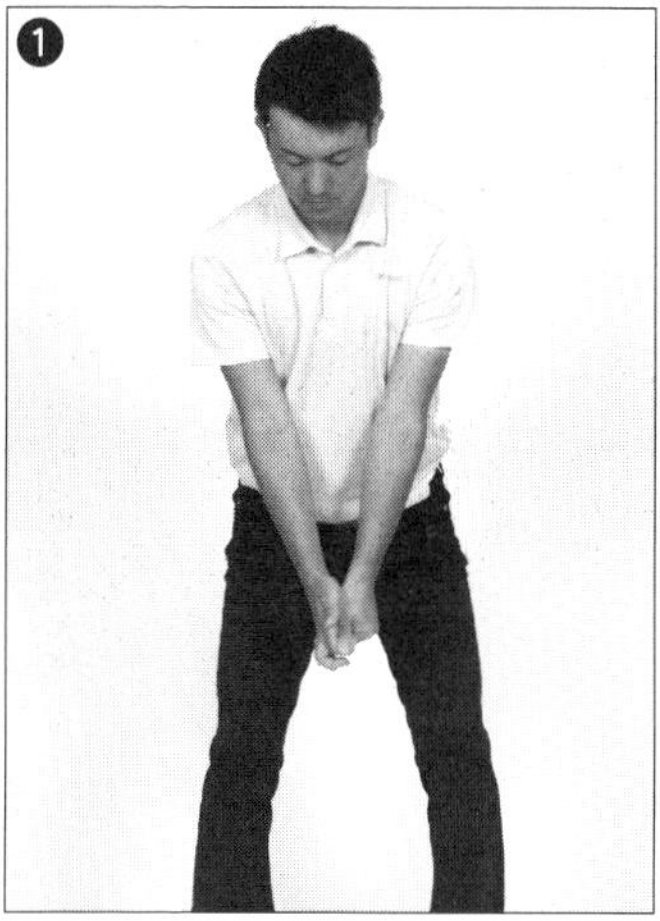

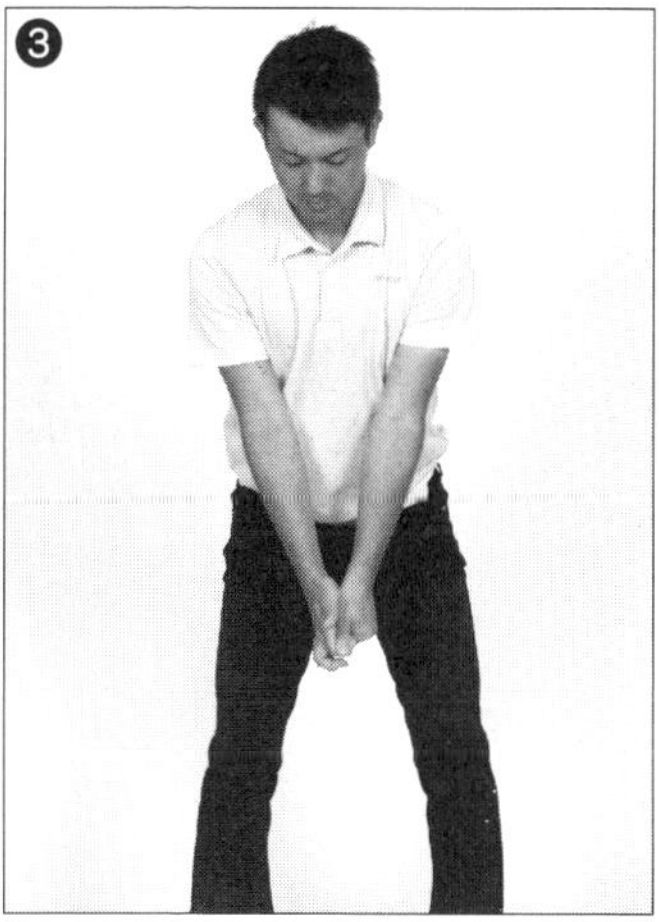

肘のたたみ動作と体の80%回転の合成により「腕の縦の動き」と「体の横の回転」で作るゴルフスイングは完成する。この2つの動きの合成を感じることができれば、スイングの仕組みをより明確に理解することができる。

基礎から確実に動きを身につけることが重要なポイント

ここまでの6つ動きは一連になっているので、1つ前の動作ができなければ次の動作はできません。そしてフルスイング以前の5つの動作が揃わなければ、最後の肘のたたみ動作と体の80％回転の合成によるフルスイングも作れないのです。ですから、フルスイングだけでボールを打つ練習がいかに効率の悪い方法かおわかりいただけたでしょう。

ここにある一連のドリルでは、**動きを覚えるのが難しいと感じたら、1つ前の動作に戻ってみてください。段階を1つ戻ることで、わからなかった動きを簡単なパートからやり直すことができます。**わからないからといってドリルを飛ばすことなく、一つひとつの動きを確実に自分のものにすることが重要なのです。

フルスイングを確実なものにするためには、これらの動作がすべてできなければなりません。例えばコック動作ができないのに、リフトアップ動作のみでクラブを振り上げてボールを打ったとすると、ボールが打てても、そのひずみはフルスイングの際にスピンがかからない、飛距離が出ないショットという形で現れてしまうのです。

ドリルの段階を1つ戻すことは、けっして無意味ではありません。ドリルで迷ったり、動きの習得が完全ではないと感じたら、積極的に元に戻ってください。

第4章

ゴルフクラブを持たずに上達する

―基本動作の習得編―

6つの動作の精度を高めるスイングドリル

「ゴルフスイングを構成する動きは「体の横の回転」と「腕の縦の動き」であり、それぞれの動きはバックスイング、ダウンスイング、フォロースルーの3局面にも含まれています。

そのため、バックスイングという動きの局面は、バックスイングの体の横の回転と腕の縦の動きの組み合わせで成立しており、その最終局面がトップオブスイングということになります。

同様に、ダウンスイング局面、フォロースルー局面もそれぞれ体の横の回転と腕の縦の動きで成立し、それぞれの最終局面がインパクトとフィニッシュということです。

つまりゴルフスイングはバックスイングの腕の動きと体の回転、ダウンスイングの腕の動きと体の回転、フォロースルーの腕の動きと体の回転という6つの動作が構成要素に分けられるのです。

そのため、スイング動作をスムーズに、そして飛んで曲がらない球が何度も打てるスイングを習得するには、これら6つの動作の精度を上げていくことが必要不可欠となってきます。

この章では、コンバインドプレーン感覚習得体操を使ってそれぞれの動作を身につけていきます。

アドレスからフィニッシュまでの動きを、一気に覚えようとしても、ゴルフスイングは複雑な動きであるため、各局面での注意点が山積みになってしまいます。そして、その注意点の関連性を理解できないと、いったいどんな動きが目標とすべき正しいのかがわからなくなってしまうということがよくあります。

さらに、**自分ではボールを上手く打つコツだと思って、ある部分だけを変えるとその場はよくても、他の問題が出てきてしまいナイスショットは続きません。それは、体の各部分に正しい動きが身についていないことと自分で気がついて変えた動きとスイング全体のバランスが取れていないのが理由です。**

しかし、コンバインドプレーン理論では体の横の動きと腕の縦の動きを別々に考えたうえで、それらをバックスイング、ダウンスイング、フォロースルーの局面に分けているので、個別に学習したスイング中の四肢体幹の動きを、スイング中に取り込むことができます。

ではさっそく体の各パーツ別に各スイング局面の動きを習得していきましょう。

1 バックスイングの回転を作る ―右尻と左膝の動きの習得―

作り方 アドレス姿勢から左手は左膝に置き、右手は右尻にあてる。その姿勢から、両方の手の位置がずれないように肩を回転させて止まる。

ポイント 回転するときに左膝がやや前に出て、右のお尻が目標方向に引かれる。左の膝が右の膝に寄ったり、右のお尻が飛球線後方や背面方向に動くのはNG。

習得理由 この動作ではバックスイングの体の回転の感覚がつかめる。バックスイングの体の回転は肩始動で行うのが正解。

その理由はダウンスイングを下半身始動で行うためであり、上半身にバックスイング方向の回転の勢いが残っているうちに下半身がダウンスイング回転をスタートさせる。これにより体幹部にねじれが作られ、ヘッドスピードが上がるため、飛距離も伸びる。

ただし、肩の回転に下半身が呼応して動かなければバックスイングの回転は浅くなってしまうだけである。そこで、この動作で肩の動きに呼応して動く下半身の感覚をつかむ。また、この動作を何度も繰り返すことによって下半身の筋肉を鍛えることもできる。

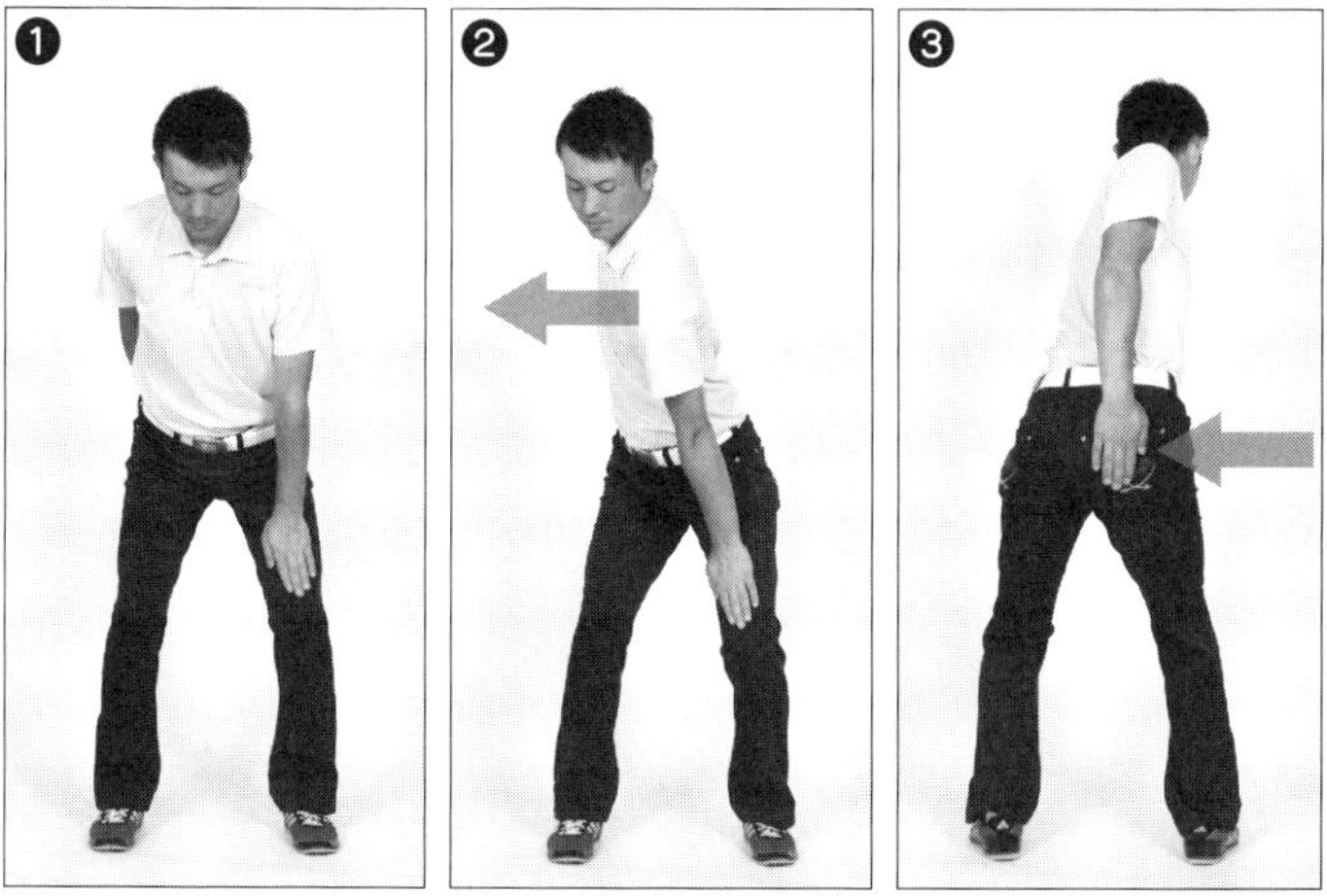

重要なのは③で右のお尻が動く方向。矢印の方向へ動こうとしているお尻を右脚で止めることで太腿のねじれは強くなる。お尻をその場で動かないように固定してしまうのはＮＧ。

Ⓐの写真では右サイドを、その場で固定しようとしているところに、上半身が回転してきている。それによって下半身が右に押し出されるＮＧが発生。正しくはⒷの形。

2 体幹のねじれの習得

作り方

アドレス姿勢から左手は左脚の内側を押さえ、右手は通常のクラブを握る位置にセットする。その姿勢から、左手で左膝が右側に寄らないように押しながら、左肩をバックスイング方向に回転させる。

ポイント

バックスイング時に左膝を右膝に寄せないよう、右手で押しながら左肩を右膝の上に向かって回転させると、トップオブスイング時の左肩の位置と左膝の位置にズレができて、体幹部にねじれが作られる。左肩と左膝の位置がずれないと体幹部にねじれが作れないため、肩の回転に合わせて左膝が右膝に寄ってしまう動きはNG。

習得理由

バックスイングでは、左膝を右膝に寄せないようにしながら肩を回転させることで体幹部をねじる。その戻りに合わせてダウンスイング回転をスタートさせれば、ヘッドスピードは上がり、飛距離が伸ばせる。この動作では、バックスイング時の左膝を右膝に寄せないことで、トップオブスイングの体幹部にねじれを作る感覚が覚えられる。

トップオブスイングの体幹にねじれのないフォームはダウンスイングの回転速度が上げられず、飛距離が出せない。左腕でしっかりと左脚を内側から押さえ、この動作を何度も繰り返すことで、体幹の筋肉も鍛えることができる。

③の写真ではバックスイングの回転による左肩の位置と左膝の位置にズレが生まれていることがわかる。

Ⓐの写真はⒷの写真と異なり、左肩の真下に左膝がきている。このフォームでは体幹部のねじれが作れないため、飛距離の出るショットは望めない。

3 顔の動きの習得

作り方 アドレス姿勢から右手の甲を左頬にあてる。左手は通常のクラブを握る位置にセットする。そして、右手の甲を左頬から離さずスイング動作を行う。バックスイング時に右手の甲が体の回転に合わせて動き顔の向きを変えてしまうが、目でボールを追い続ける。

ポイント バックスイング中の顔は、視界の中にボールを収めながら、その向きを変える必要がある。テークバックの際に、顔がアドレスの向きのまま固定されてしまうと、上半身は十分な回転ができなくなる。

習得理由 テークバック時にボールを凝視してしまうと、首から肩の筋肉が硬直し顔の面が動かなくなる。体の一番上にあるものが固定されてしまうと、体は回転できない。顔の面が動く中で、目がボールを追うのがベスト。バックスイング時には、顔の向きが正面から右方向に向かなければ極端に首の長いプレーヤー以外は体が十分に回転できない。バックスイング時に体が思うように回らないと、トップショットやプルボールが出やすい。

このドリルでは、上半身の軸が後頭部まで及ぶ感覚で、その軸でバックスイング方向に顔の面を動かす感覚が覚えられる。

アドレス時に作った上半身の軸で頭も少し回転する。これによって顔の正面が右に動き、体が回転しやすくなる。

①の写真と同じ顔の向きで作ったⒶのトップオブスイングでは、体の回転が浅いことがわかる。

4 バックスイングの腕の動きを作る ―左肘の絞り方の習得―

作り方 アドレス姿勢から、右手は右肘を内側から持ち、左手はクラブを握る位置で親指だけを立てて構える。そして、右手で左腕を引きつけながらバックスイングを行う。

ポイント 左肘が目標方向を向かないように右手で引きつけながらテークバックを行う。そして左肘頭が下を向くようにしながら、右腕でトップオブスイングまで左腕を運ぶ。トップオブスイングで左肘がボールの方向を向いてしまうのはNG。

習得理由 スイング中はアドレス時の左右の肘の絞りを維持したままクラブを動かすことが重要であり、これによってスイング中のフェースの向きはスクエアに保たれる。重要なことは、左肘は常に内側に絞る力でフェースの開きに抵抗する役割を担っていることである。

このドリルでは、バックスイング時の左肘の絞り感覚が習得できることに加え、アドレス時に左腕を引きつける腕の裏側の筋肉と、左肘の絞りに必要な左胸の外側の筋肉が鍛えられる。左肘を絞ったトップオブスイングの感じがつかめればスライス、およびプッシュボールの防止になる。

アドレスから左肘を内側に向けテークバックを行うことで、左肘の先端はトップオブスイングでボールよりもつま先方向を向く。この向きができれば、腕を下方向に下ろしやすくなる。

トップオブスイング時の左肘の絞りは、両足の位置を動かさないまま、体の右側にあるつり革につかまるイメージで感じ取ることができる。

5

右肘の絞り方の習得

作り方　アドレス姿勢から、右手はクラブを握る位置にセットする。左手は右肘を内側から体の中心へ引きつける力を働かせる。そして、左腕の引きつけ力を維持したままバックスイングを行う。

ポイント　右肘を左腕で引きつけながら肩を45度回転させ、そこから右腕を上げていく。この時も左腕は右肘を引きつけているため、トップオブスイング時の右肘は上半身の軸と平行、もしくは地面を指す。バックスイング直後に右肘が外側（背中側）を向く動きはNG。

習得理由　スイング中、アドレス時の左右の肘の絞りを維持したままクラブを縦方向に動かすとスイング中のフェースの向きはスクエアに保たれる。右肘は、この動作の中でフェースのかぶりを抑制している。

このドリルではバックスイング時の右肘の絞り感覚がわかると同時に、アドレス時からバックスイング時を通して右肘を絞る右胸の外側の筋肉が鍛えられる。右肘を絞ったトップオブスイングの感じがつかめれば、ダウンスイング時に右肘の開きが抑えられるため、フックボールの防止になる。

アドレスから右肘を内側に向けテークバックを行うことで、トップオブスイングの右上腕は、垂直から上体の軸と平行の方向を指す。

正しい右肘の向きを作るには、トップオブスイング時の右手の甲にはあまり角度がないほうがよい。右手の甲の角度は従来のフラットなスイングだと「出前持ちの角度」といわれていたが、アップライトスイングの場合は「招き猫の手」のイメージになる。

6 コック動作とリフトアップ動作の習得

作り方 ヘッド固定感覚習得グリップで通常のアドレス姿勢を作る。バックスイング中にコック動作を先に行い、その勢いでリフトアップ動作を行ってトップオブスイングを作る感覚を養う。

ポイント コック動作は左掌底の押さえ力と右人差し指の引きつけで行われ、リフトアップ動作はコック動作の勢いで右肘が曲がることで行われる。スイング中の腕の動きはあくまでも手首の動きのコンビネーションに呼応するものであり、腕が自ら先には動くことはない。前腕からの動きによるバックスイングでは肘の曲がりが大きくなり、上腕からの動きによるバックスイングでは振り上げの際に上体が浮いてしまう。

習得理由 手首のコック動作はテコの原理が働くため、小さな力でクラブヘッドを大きく動かすことができる。コック動作を上手く使えれば、ヘッドスピードが上がり飛距離アップも可能になるということである。手首によって動かされる腕の動きは、体の上下にぶれを少なくするため、体幹部はよりスムーズな回転ができ、飛距離アップにつながる。

さらに、手首の縦方向の動きはフェースのローテーションも抑えるので、ボールが曲がらなくなる。

②の右腕の動きによって左腕は地面と平行な位置まで引き上げられる。そして、コック動作勢いで右上腕を上げると、トップオブスイングの腕の形が完成する。

この場面の右腕の動きは、体の側面で行う空手チョップをイメージするのがよい。ダウンスイング時に右の手のひらが地面を向いてしまうとフックボールが発生する。

7 ダウンスイングの体の回転を作る
―移動と回転の組み合わせの習得―

作り方　アドレス姿勢からグリップせず、体の前で両腕を組んで胸に当てる。そして、バックスイング方向に体を回転させた後、上体を右脚の上から左脚の上に移動させる。そこで一旦停止してから、左脚を使って上体を回転させてフィニッシュ姿勢まで体を回す。

ポイント　トップオブスイングから上半身は回転せず左脚の上まで移動する。この間に上半身が回転してしまうのはNG。移動した後は左脚主体で体を回転させる。この時に右サイドは積極的な回転をせず、左サイドに引っ張られ、ターンする。右サイドを押し込むような回転はNG。

習得理由　ダウンスイング時に上体が右脚の上から左脚の上に移動する間に、下半身は左脚中心の回転をする。この2つの動きが同時に行われることでダウンスイングの重心移動を伴った回転が完成するとともに、クラブは自然にインサイドから振り下ろされるためプルボールやシャンクショットが防止できる。

このドリルでは、移動と回転の2つの動きを別々に行い、感覚を確認したうえで合成することができる。

②から③で上体が右脚から左脚に移動。③から④で上体は左脚によって回転させられる。これを同時に行うと正しいスイングの回転動作となる。正しい左脚主体の回転動作ができれば、ボールの右側を打ってしまうダフリショットが減るだけでなく、回転のスピードアップもできるため、飛距離も伸びる。

8 インパクト時の左膝の角度の習得

作り方 アドレスの姿勢から両手を腰にあてる。そして、バックスイング方向に体を回転させた後、ダウンスイング方向に戻しインパクト時の回転位置で体を止める。この時、上体は前傾姿勢を保つ。

ポイント トップオブスイング時にアドレス時よりも曲がった左膝はインパクトにかけてやや伸びるが、アドレス時とほぼ同じ角度までで、その伸びは止まり、方向についても、正面から左約60度の方向で止まる。体を止めた時に左膝が右や左に大きく動いていることと、左膝が伸びているのはNG。

習得理由 インパクト時の腰は左腰によって回転させられる。この時、左脚は内転筋によって左膝をアドレス時よりやや左を向いた位置で止めてしまうが、外転筋とお尻の筋肉が腰を回転させる。そのため太腿の筋肉がねじられ、パワーが発揮できる。

これに対して、インパクトで左膝が目標方向を向いてしまい太腿のねじれが作れない。膝が正面を向いたままで腰が回転できないなどはパワーが発揮できない。左膝が伸びてしまう場合も、膝は自然と外側を向いてしまうため、これも太腿の筋肉に張りを作れなくなり、ヘッドスピードが上がらない。

ここのドリルでは左太腿の使い方がわかると同時に、繰り返し行うことでこの部分の筋肉を強化できるので、飛距離を伸ばすことができる。

実際にドリルを行うと③の姿勢はかなり低く感じられる。しかしⒶの画像のような正しいインパクトと比較してみると、それほど大きく変わらないことがわかる。

9 下半身先行回転の習得

作り方 アドレス姿勢から、左手はクラブを握る位置にセットし、右手は左腰にあてる。バックスイング方向の回転を行いトップオブスイングを作り、そこから左腰先行のダウンスイング回転を行う。最後は腰が目標に正対するまで回転する。

ポイント 右腕で左腰を持ち、下半身リードの回転をすると左腰が右肩を引っ張りながらフィニッシュ姿勢まで回転していくことがわかる。右腕が腰に引っ張られる感じより右肩が前に出る動きの方が勝り、腰が目標に正対しないという回転はNG。

習得理由 ダウンスイングからフォロースルーにかけて、下半身の回転が先行して上半身を引っ張る。この回転によってインパクト時の上半身は、下半身に比べ正面方向に向くのがやや遅れるため、クラブはインサイドからボールをヒットすることになる。

また下半身先行の回転は、遅れて回転する上半身とのずれで体幹部にねじれを発生させるため、回転速度が上がり、飛距離アップにつながる。

これに対して、上半身先行の回転では上半身が先に正面方向を向いてしまうため、アウトサイドイン軌道のインパクトとなり、トップショットやプルボールを発生させてしまう。

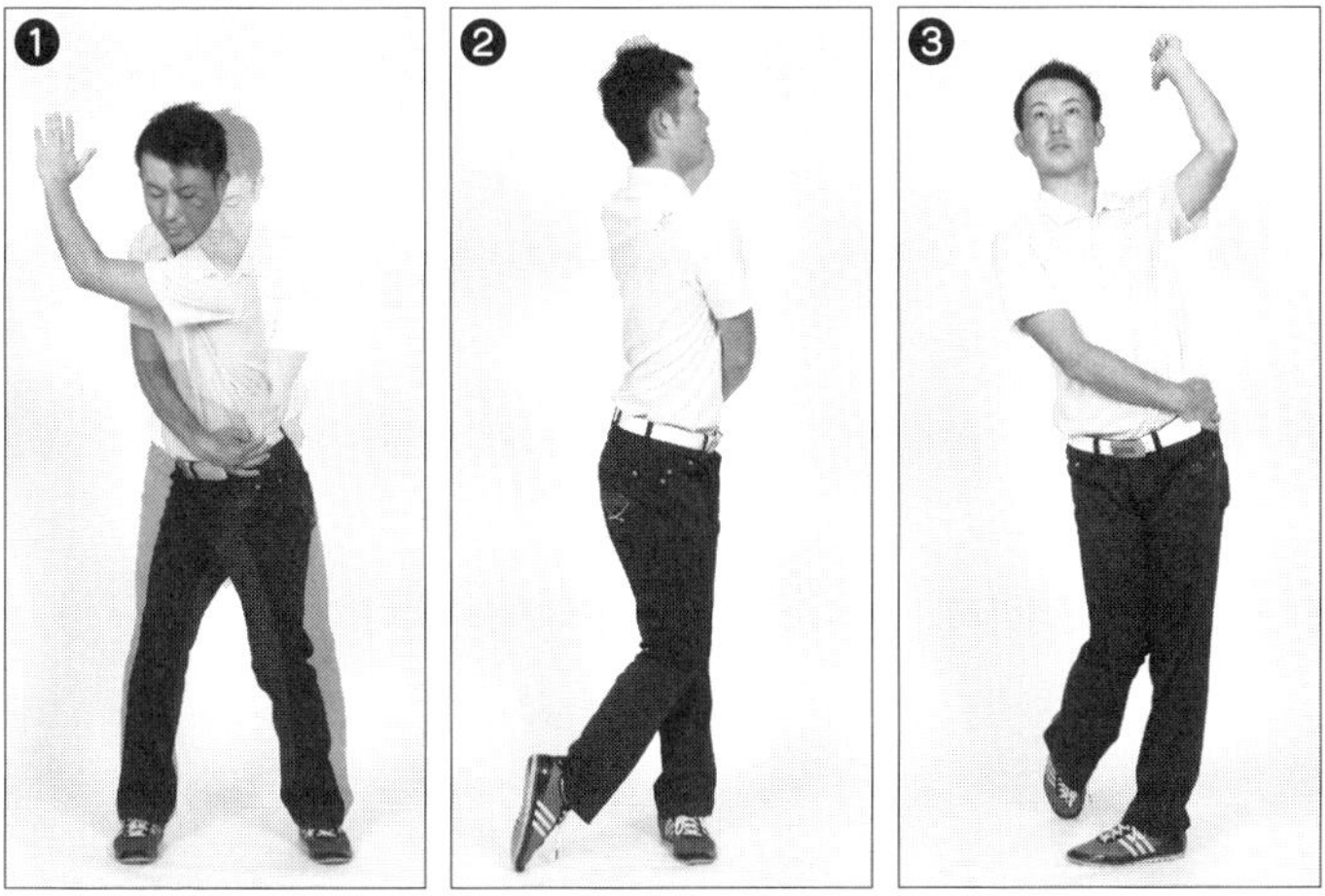

このドリルでは、右腕を通して左腰が右肩を引っ張る感じがつかめる。また、繰り返し行うことで、下半身先行回転に必要な左脚の筋肉を鍛えることができる。

正しいインパクトでは右の写真のように、下半身がわずかに上半身をリードした回転になる。しかし実際にボールをヒットしようとすると、どうしても右腕を含む体の右サイドでボールを叩きにいってしまうので、このドリルで下半身リードの感覚を養う。

10 ダウンスイングの腕の動きを作る ―左腕上腕引き下ろし動作の習得―

作り方

高さ感覚習得グリップでアドレス姿勢をとりテークバックする。トップオブスイングから2度腕を上下に動かす動作を行って、3度目の腕の振り下ろし動作に合わせて体を回転させる。3回の腕の動きの中で、振り上げは右腕で中心で行い、振り下ろしは左腕を下げるように行う。

ポイント

左右の腕のコンビネーションは、右腕に振り上げの力が残っているうちに左腕の引き下ろしを行い、左腕に引き下ろし力が残っているうちに右腕の振り上げ動作を行う。腕の上下動を行う時に右手と左手が離れたり、上下動が止まったりしてしまうのはNG。

習得理由

ダウンスイングでは左の上腕の裏側の筋肉と背中上部の筋肉を使ってクラブを縦方向に引き下ろす。このドリルでは、左腕の引き下ろしの感覚と右腕による振り上げの感覚がつかめる。

右腕にはスイング中、何もさせない方がよいと考えているプレーヤーは多いが、バックスイング時に右腕が何もしないと、もっとも力の必要なダウンスイング局面で右腕がクラブを下ろしてしまう。正しくは右手が振り上げ動作を行っている間に左腕を引き下ろすことで、ダウンスイング時に右腕を参加させないようにする。

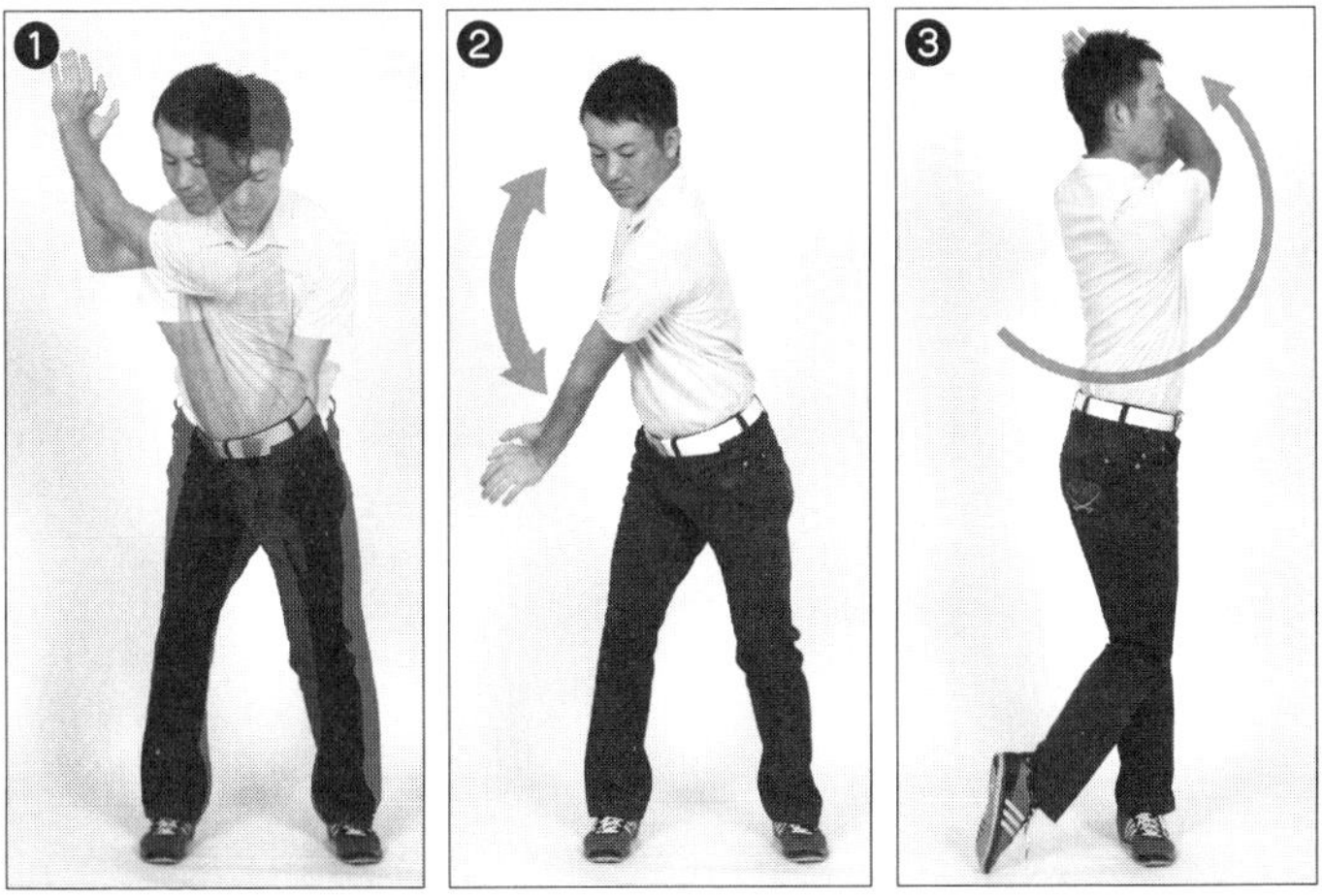

このドリルでは、①で最初にアドレスからトップオブスイングを作る。そして②の姿勢のまま、腕だけを上下に2回動かし、3度目の腕の振り下ろしに合わせて体を回転させたあと、フィニッシュまで振り抜く。

トップオブスイングからの左腕の引き下ろしは、左手を握りしめ、机を上から叩くイメージ。強く叩ければボールの飛距離は伸びる。

11

左手甲角度の習得

作り方

通常のアドレスから右手は右のお尻にあてる。左腕はクラブを持つ位置で手のひらをボール方向に向け、すべての指を伸ばし、中指、薬指、小指を目標方向に向ける。この時にできる左手の甲と前腕の角度を維持したままバックスイング、ダウンスイングを行い、インパクト直後に動きを止める。

ポイント

インパクト時にアドレス時の左手の甲の角度を再現する。ダウンスイング時に左肘を絞りながら上腕でクラブを引き下ろす動きと体の回転を合成させると、親指が地面を指すNGや、左手の甲が腕と一直線になるNGは発生しない。

習得理由

左手はアドレス時からクラブに上から押さえる力を加える。この力によってフェースが右方向を向かず、トウダウンもしない正しい角度のインパクトを迎えることができる。

左手の上からの押さえ力は右手の支え力との間に均衡状態を作り、アドレス時の「腕とシャフト角度」を再現する。このインパクトを作るには、アドレスからバックスイング、そしてダウンスイングの間、常に左手の甲と前腕の角度を維持する必要があるが、角度を維持するには左肘の絞りも重要な要素となる。

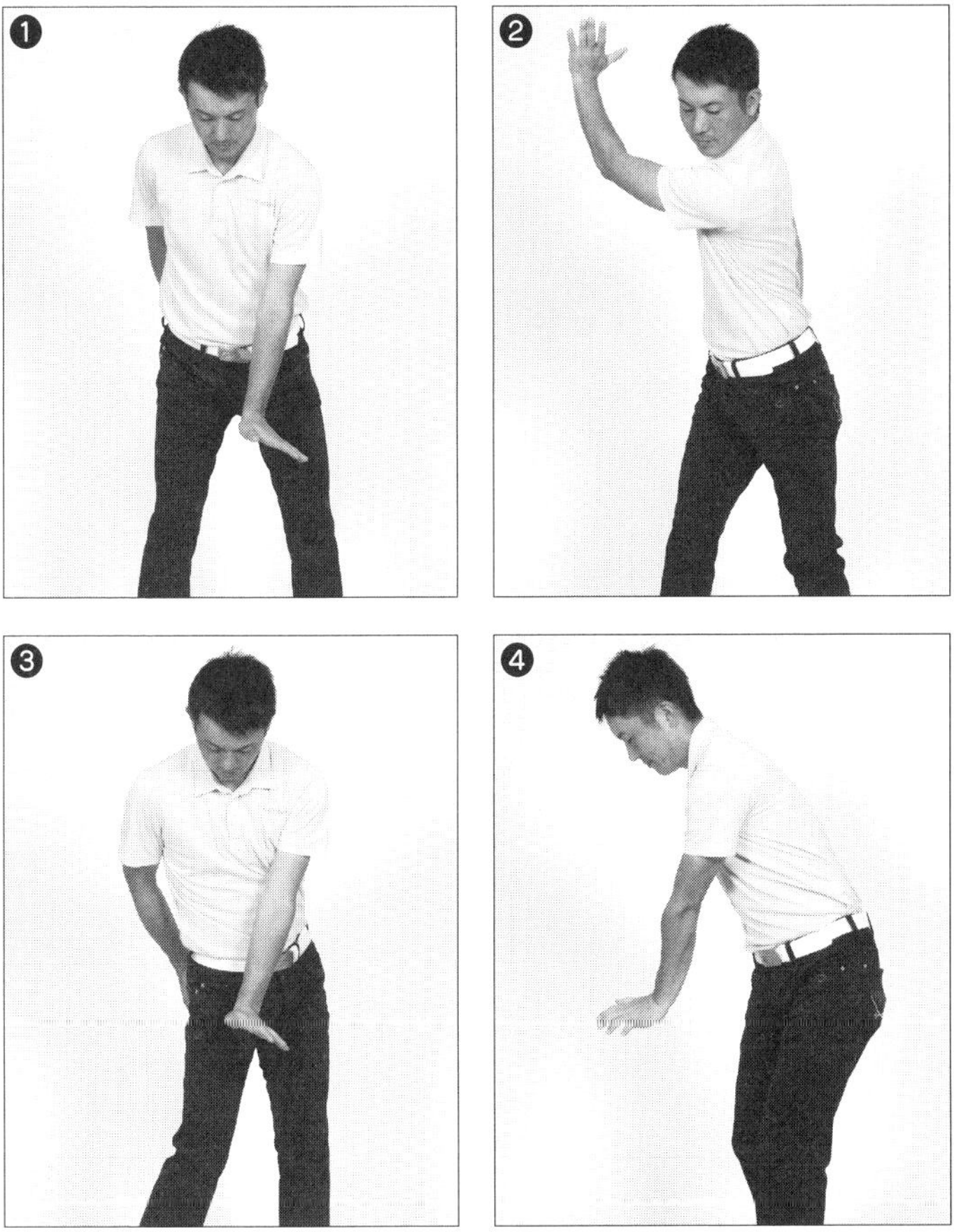

右腕と共同でインパクト時に左の甲を伸ばすハンドファースト形をイメージしてスイングすると、クラブヘッドの重さでその度合いは激しくなり、クラブフェースは左下方向を向く。そのため低いプルボールやプルフックボールが発生してしまう。これを防止するためには手の位置が高くならないインパクトを作る必要があるので、左手がクラブを上から押さえつける力を働かせているインパクトを習得する。実際のスイングでは、この動作に比べ左手甲の角度は小さいのでしっかりと覚える。

12 右手首角度の習得

作り方 通常のアドレスから左手は左のお尻にあてる。右腕はクラブを持つ位置で人差し指を伸ばし、ボールの位置より上に向けて構える。そこから、バックスイングを行いインパクト直後に止める。

ポイント インパクト時に右手首がアドレス時と同じ角度を保っている。ダウンスイング時に手首の角度を開放しないように、スイング動作を行うことが重要。右手首の角度が伸びたインパクトはNG。

習得理由 ゴルフスイングでは、右手はアドレス時からクラブを下から支え続ける。この力によってインパクトエリアでは左手の上からの押さえ力との間に均衡状態ができてアドレス時の「腕とシャフト角度」が再現される。

よくあるNGとしては、ボールを強くヒットしようとしてインパクト時に右手首を伸ばしてクラブヘッドを地面に叩きつけるような動きをしてしまうことが挙げられる。

この動きをインパクト時に右手が行うと、左手もクラブを下げようとしているので、インパクト時に体を伸び上がらせない限りクラブヘッドは地面に刺さってしまう。

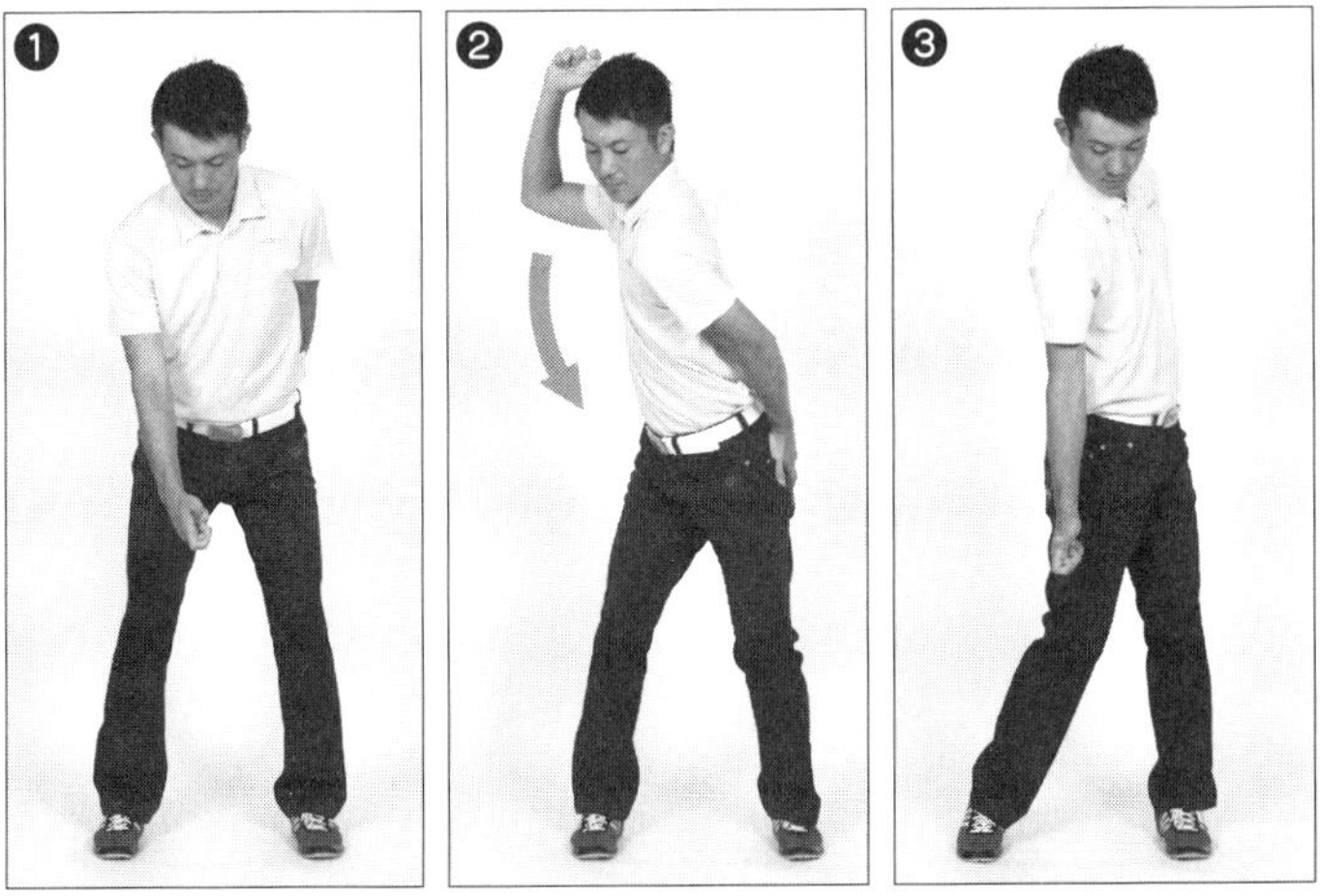

インパクト時に体が伸び上がることに悩んでいるプレーヤーは多いが、その原因が右手首の伸びにあるということはあまり知られていない。このドリルでは、インパクトエリアでアドレス時の右手首の角度を保ったクラブの振り方がつかめる。

インパクト時の右手首の角度を保つ感覚は、低い位置でピストルを正面に向けるイメージ。手首に角度がないと銃口は地面を向いてしまう。

13 フォロースルーの体の回転を作る ―左脚主体回転の習得―

作り方　通常のアドレス姿勢から両手は胸の前で重ねる。次に右足をつま先立ちにして左脚重心のアドレスを作る（レフティーは逆の足）。右足をつま先立ちにしたまま、左脚の上でバックスイング方向とダウンスイングからフォロースルー方向へ回転する。

ポイント　左脚の上で上半身をバックスイング方向とフォロースルー方向にバランスよく回転させ、フィニッシュ姿勢では左右の膝をしっかりくっつける。回転中にバランスを崩すことや、フィニッシュ時の両膝が接しない、腰が目標に正対しないフィニッシュ姿勢はNG。

習得理由　ゴルフスイングの回転運動では、右脚はバックスイング時に体が右に流れるのを防ぐだけで、左脚が主体となる。そして、腰を回転させて、その腰が上体を引っ張っていく。この時に腰を回転させるのは左脚の太腿であり、力を引き出すために左脚の内側の筋肉は左膝を目標方向に向けないように頑張ることが必要。

これに対して左脚外側とお尻の筋肉によって回転させられた腰の回転に合わせて、頭は速やかに左脚がかかと重心になる位置に移動する、その結果、十分な回転とその回転でもバランスがとれる頭の位置が明確になる。

このドリルでは左太腿の使い方の感覚がつかめる。回転運動を行う際には回転の主体となる脚を明確にした方が速度を上げることができる。回転速度のアップは飛距離を伸ばすことに直結する。左右の半分半分の回転ではスピードは出ない。

左脚の上で体を回転させる感覚は、トップオブスイングとフィニッシュで右の写真のように腕を伸ばしてみるとわかる。これによってI型フィニッシュ姿勢も作ることができる。

14 フォロースルーの肩の傾きの習得

作り方

アドレス姿勢で左手はクラブを持つ位置にセット。右手は右太腿の上に置く。右手の位置がずれないようにスイング動作を行う。

ポイント

スイング動作中、右手の位置が上下に動かないように注意。スイング動作を終えると右手の位置が変わっている場合、肩は上半身の軸で回転していない。

習得理由

ゴルフスイングの上半身の回転は、アドレス時に前傾させた背中上部から後頭部の軸に行われる。そのためトップオブスイング時の左肩は右肩より低い位置にあり、フォロースルーの右肩は左肩より低い位置にある。

上半身軸回転によりクラブは、インパクトエリアでインサイドインの軌道を描き、高速でボールをヒットするため、曲がらないボールが遠くまで飛ぶ。しかし、インパクト時に右腕が伸びてしまうと、フォロースルーで右肩が上がる回転になり、ボールを右に押し出してしまう。右腕をインパクトエリアでも伸ばさないようにすることと同様に、右肩が下がった回転を体が覚えて右肘を伸びなくすることが重要。

このドリルではアドレス時の背骨軸で体を回転させる感覚がつかめる。また繰り返し行うことで、前傾角度を維持する背中と首の筋肉や首の後ろの筋肉が鍛えられる。

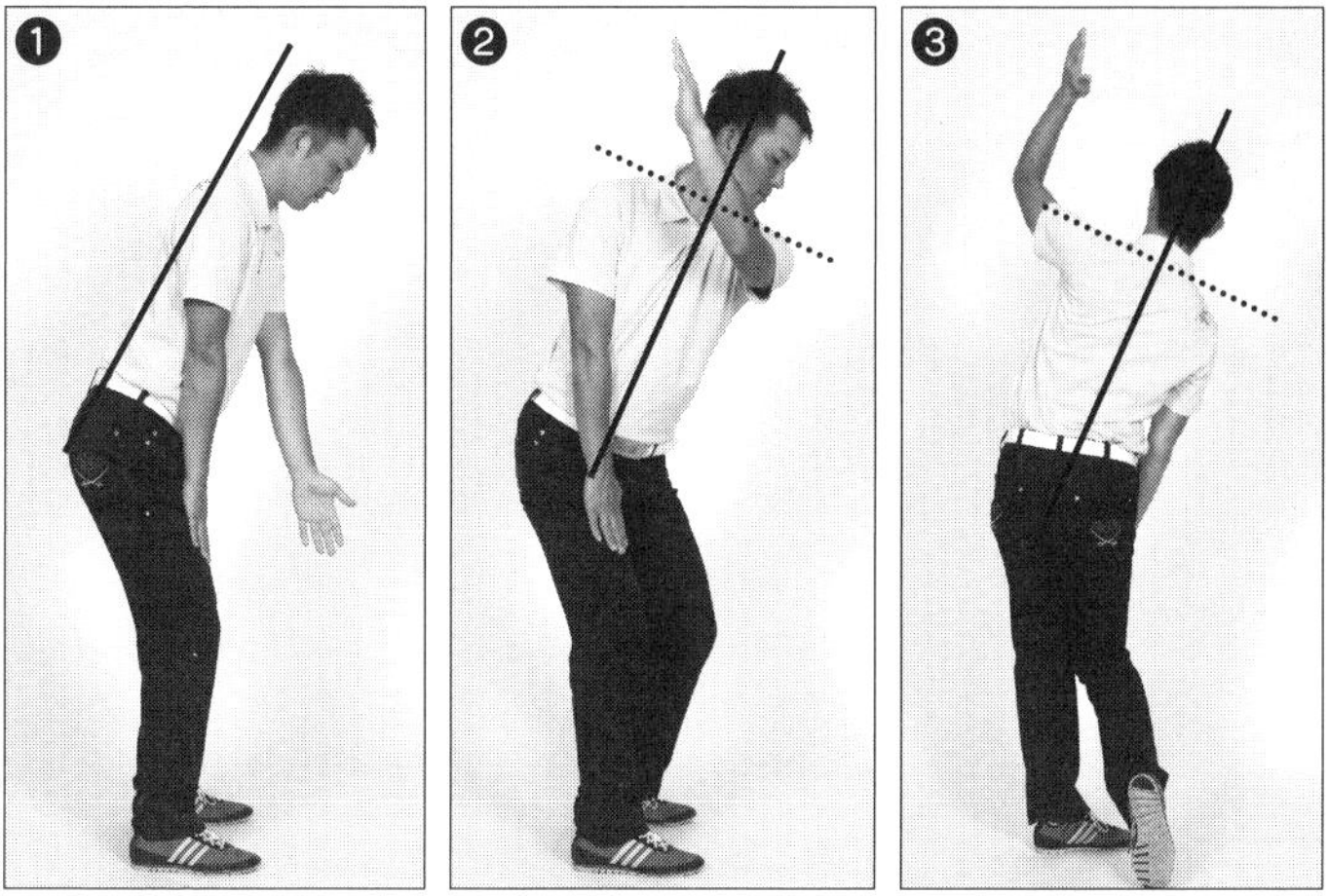

アドレス時の上半身の軸で体を回転させると、トップオブスイング②の左肩は下がり、フォロースルー③の右肩は下がる。

このドリルでは右肩の下がりはやや強くなるが、実際にボールをヒットする場合、右腕を伸ばしてしまうことで右肩が上がるケースが多いため、やや多めに下げる練習で習得したい。

15 上半身軸回転の習得

作り方

アドレス姿勢から左手は通常のクラブを握る位置にセット。右手は後頭部にあて頭をボール方向へ押す。これに対して上半身、特に首がこの力に抵抗する。この力の均衡を維持したまま体を回転させる。

ポイント

ダウンスイング時に頭が前に出ないように背中上部と首の力で抵抗する。ダウンスイング時に右肩が突っ込む回転を行うと、頭が前に出てしまうのでNG。ダウンスイングでは、上半身はアドレス時の上体の前傾角度を守って背骨上部を軸にして回転する。

習得理由

しかし、バックスイングやダウンスイングでボールをよく見ようとして、頭をボールに近づけたり、右腕で強くボールを叩こうとして右肩を前に出すと、上体がボールの方向へ突っ込んでしまう。もちろん頭を近づけたり、右手で強くボールを叩こうとするNG動作を矯正する必要はあるが、上半身の軸も簡単には崩れないようにしなければならない。このドリルでは、スイング中に上体を突っ込ませないで上体の軸を守った回転を行う感覚がつかめる。この感覚を取り入れることにより上体が突っ込むスイングによるシャンクなどのミスショットを防止できる。また、繰り返し行うことでこの動きに必要な首の後ろの筋肉を鍛えることもできる。

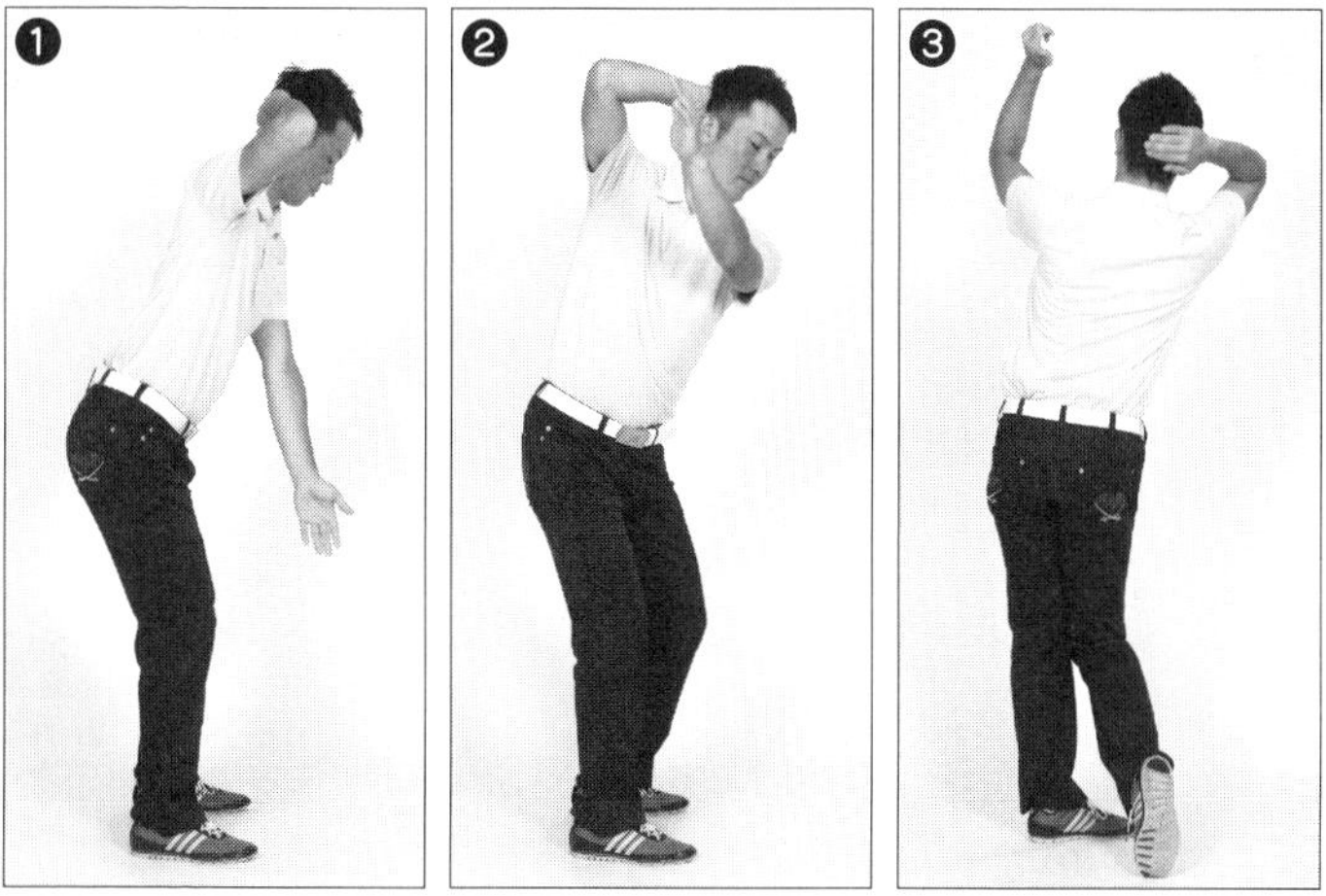

スイング中、ボールに目を近づければ、なんとなく上手く打てるような気がするが、それは完全な勘違い。よくある間違いなので、正しいイメージを身につける。

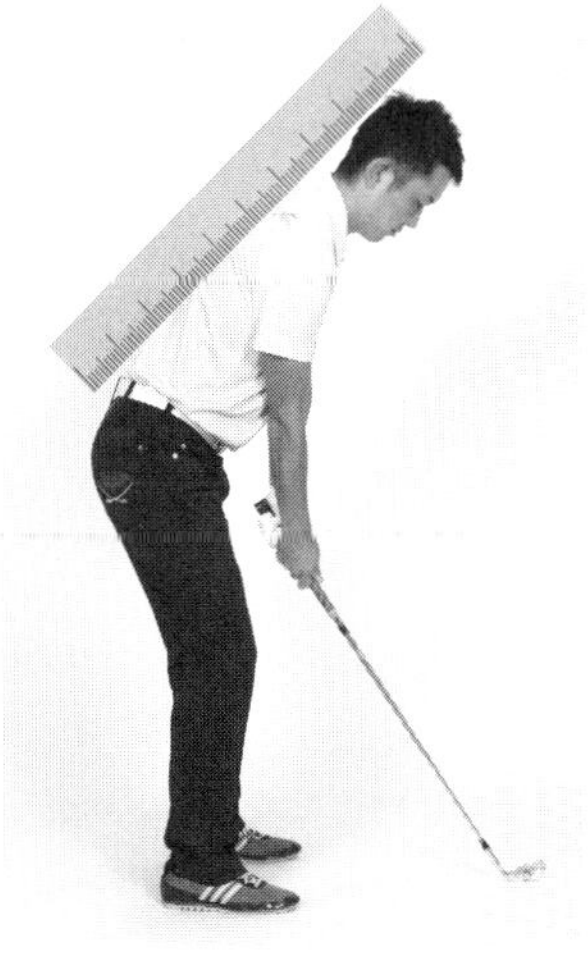

アドレス時の背中上部から後頭部に定規を当てられているようなイメージ。ただし、上半身の下側と腰回りは緊張させないこと。お尻を無理に上げようとすると腰痛の原因にもなる。

16 フォロースルーの腕の動きを作る ―両肘の絞り方の習得―

作り方

アドレス姿勢から両肘を曲げ前腕を地面と水平にする姿勢をとる。そして、両肘を内側に絞りながら両手の間隔を変えずに体をフォロースルー方向に回転させる。その後、両肘を曲げながら前腕を上げる。

ポイント

アドレス時の両肘の間隔が変わらないように、胸の外側の筋肉で両肘を内側に寄せながら両腕を振り上げる。肘の絞りが解けて両肘の間隔が広がるのはNG。

習得理由

フォロースルーでクラブは体の回転で横方向に振られると同時に、腕は両肘を絞り、クラブを縦方向に振り上げようとしている。この2つの動きでフォロースルーのクラブの軌道は作られるが、多くのプレーヤーがボールを強くヒットしたいがために、体の回転だけでなく腕も横方向に振ってしまう。このNG動作によってインパクトエリアでクラブヘッドが極端にインサイドに抜けるため、プルボールやシャンクショット、さらにひどい場合はトップショットが発生してしまう。

このドリルでは、体が回転している間に腕が横に動かないような肘の向きと同時に、縦方向の腕の動きが覚えられる。さらに何度も繰り返すことで、スイング中に正しい肘の向きを維持する両胸の外側の筋肉も鍛えられる。

②から③の縦方向の動きをスムーズにするために②の両肘の向きが重要になる。アドレス時と同じように両肘を絞りながら腕を縦方向に動かす感覚をつかもう。

実際のスイングでも③の両肘の絞りは行われている。これによって手（グリップ）の位置が高いフォロースルーが作られる。フォロースルーが高いと、プルボールやトップショットが発生しにくい。

17

左腕の動かし方の習得

作り方
アドレス姿勢から右手は右のお尻にあてる。左手はアドレス時にクラブを握っている場所で手のひらを地面に向ける。そこから、左腕だけでスイングしフォロースルーではアドレス時と同じ、左手の甲を外側に曲げた角度を保ち、左腕を水平に伸ばした姿勢でフィニッシュ。

ポイント
フィニッシュ姿勢では左腕が水平になる位置で左腕を伸ばしたまま、左手の甲をアドレス時と同じ角度に保つ。左手の甲が丸まったり、左肘が曲がるのはNG。

習得理由
スイング中、左腕はクラブに押し力を加えながら、クラブを体から遠ざける方向へ力を加え続ける。この力はインパクトからフォロースルーまでは変わらない。そのため、右腕のクラブを引きつける力がないと左腕はインパクトエリアからフィニッシュまで伸びてしまう。また、左手の甲の角度はアドレス時から変わらず甲側にやや曲がっている。この角度をスイング中に変えないことはフェースの向きを一定にするばかりでなく、ロフト角も常に一定に保つので、曲がらずに高さが一定のショットが打てる確率を高める。インパクトエリアで左肘が曲がるとトップショットが出やすく、左の甲が丸まってしまうとフェースが左下を向き、フックボールが発生しやすい。

②から③にかけて左腕はクラブを体から遠ざける力を加えている。この力によって左腕は伸び、インパクトエリアのスイング半径が定まる。

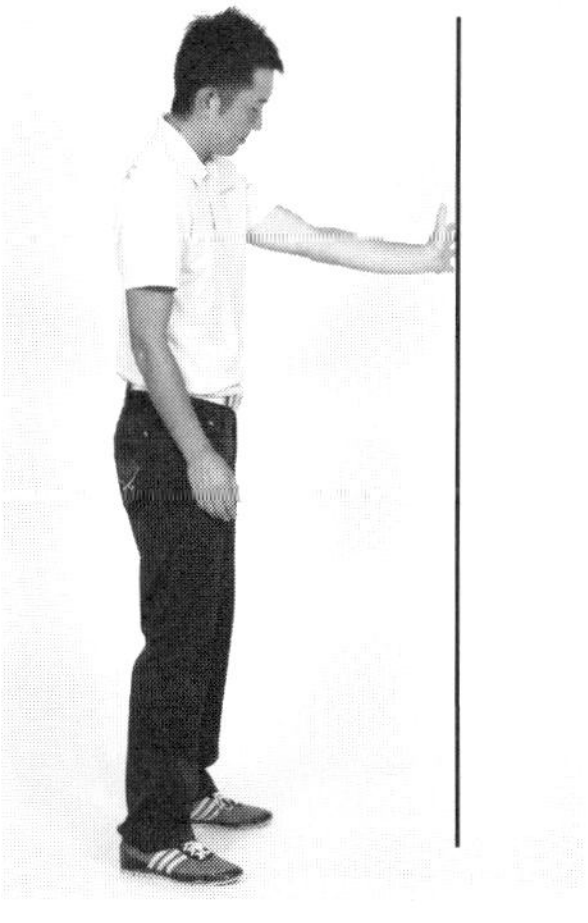

左腕が③の位置でクラブに加える力は、壁を左腕で押す力と同じ。この力と右腕の引きつけ力のコンビネーションで、クラブは上下に動く。

18 右腕の動かし方の習得

作り方
アドレス姿勢から左手は左のお尻にあてる。右手はクラブを持つ位置で右グリップの形を作る。そして、スイング動作を行い、フォロースルーでは右腕の親指を立てながらスイングし、最後は右親指を左肩にあててフィニッシュ。

ポイント
フォロースルーで右手首が右親指を立てるコック動作を行った後に、右肘を曲げながら右親指を左肩につける動きを行う。右親指が左肩につかない、コック動作時に右肘が曲がる、リフトアップ時に右肘が伸びているなどはＮＧ。

習得理由
インパクトからフォロースルーにかけて、まず右手首がコック動作を行い、その後、右腕がクラブを左肩の上に担ぐ。フォロースルー時の右手首と右腕の動きをしっかり行うことで、ダウンスイング時に右手は何もしないようになるため、左腕の主体のダウンスイングが行える。

これに対して、ダウンスイングで右腕に力が入って、右腕でボールを叩きにいってしまうと、右肘はインパクト以降も伸び続けて、フィニッシュ時までにたためない。このような右腕の動きはシャンクショットやプルボールを発生させる。このドリルでは右手首のクラブを立てる動きと、右肘を曲げながらクラブを体に引きつける感覚が習得できる。

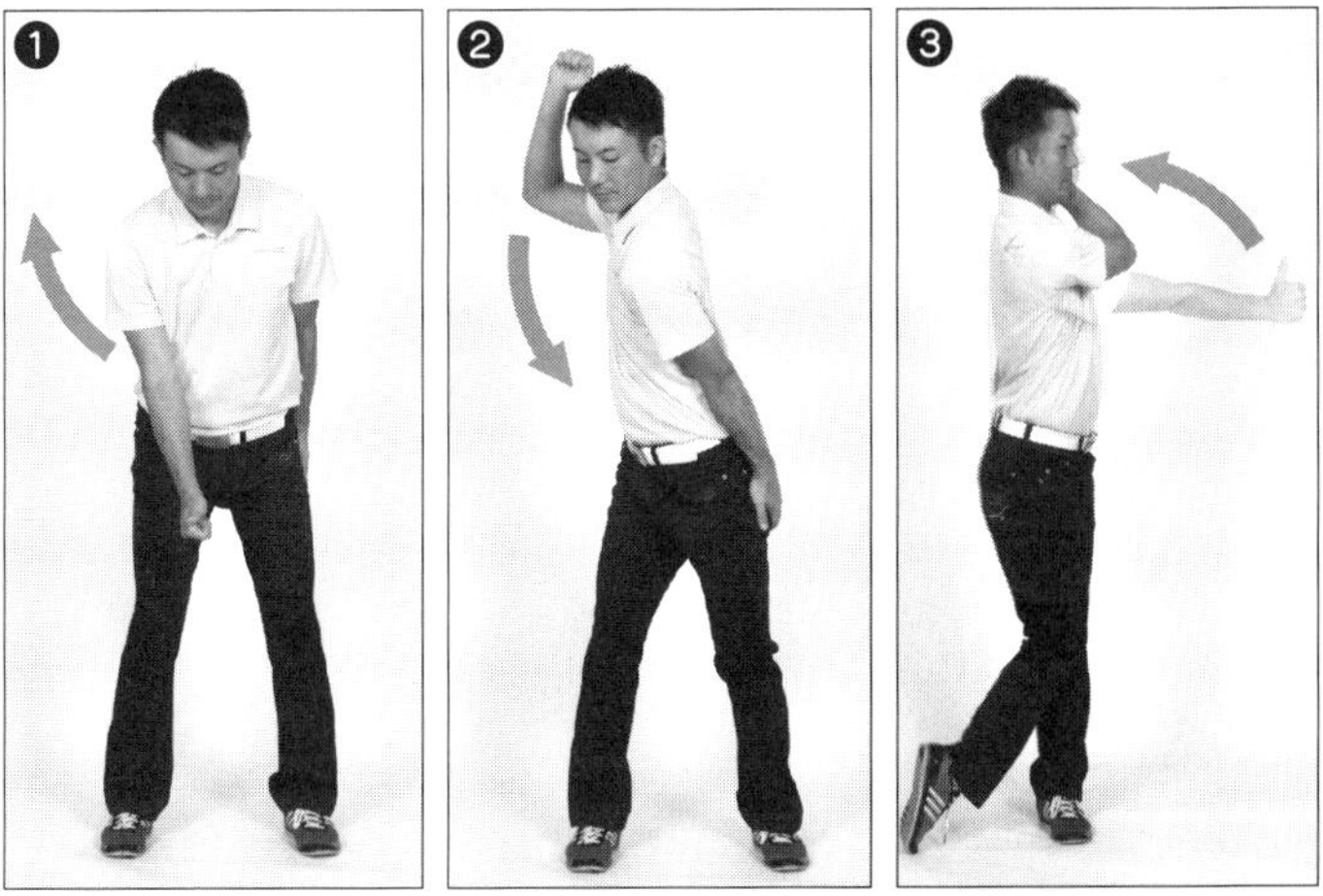

③の位置から右肘は曲がり、フィニッシュでは右親指が左肩につく。この動作を速やかに行えないと、クラブを持ってボールを打つとき、右腕には必要以上の力が入ってしまう。

右手の親指を左肩につけるイメージを持つことで、右の手首の動きが腕の動きよりも先に行われるという感覚がつかめる。

四肢体幹の役割を理解する

コンバインドプレーン理論は、すでに説明したように「腕の縦の動き」と「体の横の回転」の合成でゴルフスイングが成り立つと考えています。そして、この2つの動きをさらに細かく分析すると、それぞれの動きが左右の腕と脚のコンビネーションによって成り立っていることがわかるのです。つまり、**このコンビネーションを動きの中に成立させるのがゴルフスイングであるということになるのですが、このような視点でスイング動作を見直すことで、左右の腕と脚のスイング中の役割が見えてきます。**

具体的に説明すると、腕に関しては、右腕はクラブを振り上げることを担当し、左腕はクラブの振り下ろしを担当する。そして、右腕のクラブを振り上げる動作が完了する直前に左腕のクラブの引き下ろし動作を始めれば、ダウンスイングの腕の動きにタメが作られるということがわかるのです。

いっぽう体幹部では、右脚は回転してくる上半身の動きを止めることを担当します。そして、左脚は上半身がフォロースルー方向へ戻ろうとする動きに合わせて、体全体をフォロースルー方向に回転させることを担当しています。この上半身および左右の脚の動きが組み合わされることで、ダウンスイングの体幹部にタメが作れるのです四肢体幹の役割が理解できれば、「バックスイングで体が思うように回らない」「トップオブスイングで腕が上がりすぎる」「インパクト時に体が伸びあがる」「ダウンスイングで上体が突っ込む」「インパクトエリアで手首をこねてしまう」「インパクト時に左肘が曲がる」「フィニッシュ姿勢のバランスが悪い」などのNG動作は、どの時点にどの部分が役割を果たさなかったために発生したのかが理解できます。

では、なぜそういったNG動作が発生してしまうのか?。その答えはプレーヤー各自が効率よくクラブを振る方法を無視し、自分の振りやすい振り方でクラブヘッドをボールにぶつけにいってしまうことが原因です。ゴルフはクラブという道具を使うスポーツである以上、いかに効率よくクラブを使うかという考えを無視することはできません。そこで、この章では、スイング中の四肢体幹の役割と、それに伴う効率のよいクラブの振り方を解説しました。

これらの動きを、まずボールを打たずにしっかりと体で覚え、無意識にでもできるように癖をつけてください。

はじめから球を打ちながら覚えようとするとボールの行方が気になってしまい、本来は弾道を修正するはずの体の動きであるにも関わらず、体の動かし方には意識がまわらないということになってしまうので注意してください。

第5章

ゴルフクラブを持たずに上達する

―基本動作の強化編―

スイングに必要な各部の動きを強化する

前章までで一連のスイング動作に必要なフォームを作ることができました。そこで次に、形を追いかけながら、フォームに力動感を加えていきます。

スイングに力強さ、速さ、安定感をつけるには次の項目の内容を満たしていく必要があります。スイングにこれらが加わることで形に力が吹きこまれるのです。

では実際に各項目を説明しましょう。

まず**回転軸ですが、下半身の回転軸は左脚となるため、ゴルフスイングの場合、左脚を回転の中心としてトレーニングしていく必要があります。**

例えば、走り高跳びの場合、踏み切る脚は右でも左でも各自のやりやすい方の脚で踏み切ればいいのですが、ゴルフスイングの場合、回転の中心となる脚は右打ちならば左脚しかありません。左脚の動きをしっかりさせることで、スイングには力強さと速さが加わるのです。

次にバランス感覚です。

バランス感覚はスイング中に体がグラグラしないように身につけますが、その理由はバランスが悪いスイングだとショットはよく曲がるからです。

バランス感覚とはスイング中における頭のポジショニングなので、しっかりと身につけてください。バランス感覚の習得によりスイング速度が増し、ボールが曲がらない安定感が加わります。

そして、腕の動きです。**スムーズな腕の動きでボールを打つためには、腕が左右に動きにくく、上下に動きやすくする必要があります。**その結果、実際にボールを打つ場合でもスムーズな腕の縦の動きができるようになりボールにかかる縦方向のスピンが増します。これによってボールの直進性も増すのです。

最後は柔軟性です。**回転の可動域や肩回りの筋肉の柔軟性を高めることは、傾斜地やクロスバンカーなど様々なシチュエーションに対応できるスイングにつながります。**

ではさっそく実際の各部の動きを強化していきましょう。

1

回転軸の強化 ―左倒れ防止―

作り方　アドレス姿勢から右手で右耳の横を押さえる。左手は左腰に当てる。そして、右手で頭を体の左側に向かって押す力を加えながら、体をバックスイングとフォロースルー方向に回転させる。

ポイント　アドレス時に固定した上半身の軸（後頭部から背骨上部）で体を回転させる。回転中に首が左肩の方向に倒れるのはＮＧ。背中上部の筋肉と顎の下の筋肉に力のバランスを働かせ、倒れないように注意しながら体を回す。

習得理由　頸椎から後頭部にかけて作られる上半身の回転軸で回転すれば回転動作が速くなるので飛距離が出せる。

しかし、バックスイングでボールをよく見ようとして、トップオブスイングで頭が左側に傾いたり、頭がうなだれた姿勢になってしまうと、ダウンスイングからフォロースルーにかけての体の回転がスムーズにできない。背中の軸がしっかりしていないトップオブスイングからのダウンスイングでは、上体がボールの方向に突っ込みやすいので、クラブヘッドが地面を深く掘ってしまうササリショットや、ボールがクラブのネックの部分に当たるシャンクショットが頻繁に発生する。

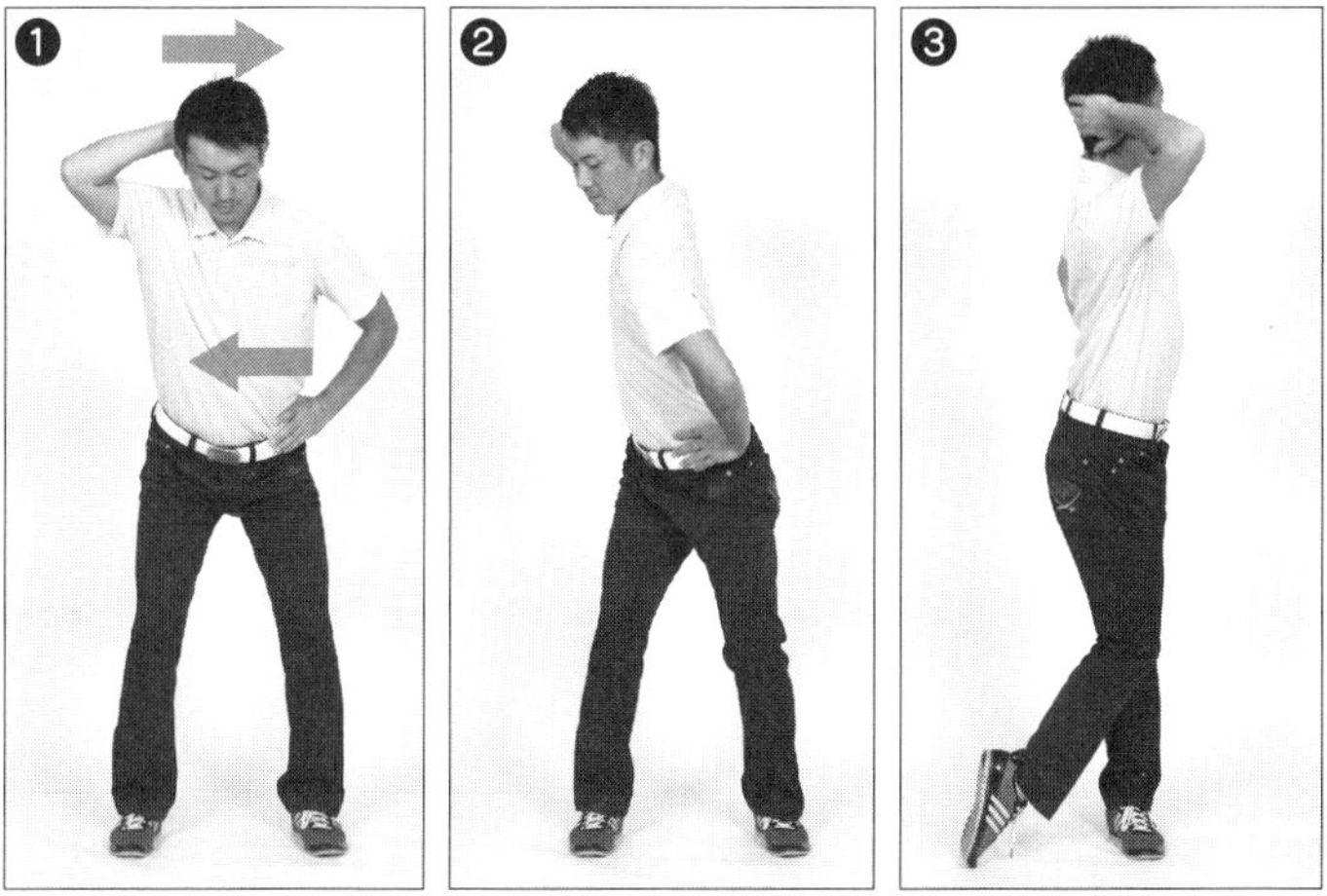

右手と左手はそれぞれ矢印の方向に力を加える①。この力は軸を左側に倒そうとする力になるが、この力に抵抗し、軸を守って回転する（②、③）。

スイング中、体の軸が左側に倒れると右の写真のようなフィニッシュになってしまう。このようなスイングでは右肩が前に出るため、ササリショットやシャンクショットが発生する。

2 上半身軸の強化 ―右倒れ防止―

作り方　アドレス姿勢から左手で左耳の横を押さえる。右手は右腰に当てる。そして、左手で頭を体の右側に向かって押すが、首はその力に抵抗しながら体をバックスイングとフォロースルー方向に回転させる。

ポイント　前ドリルと同様に、アドレス時に固定した上半身の軸（後頭部から背骨上部）で体を回転させるが、今度は左手の力に負けて、回転中に首が左肩の方向に倒れないように注意しながら体を回す。

習得理由　ゴルフスイングの上半身の回転軸は頸椎から後頭部にかけて作られる。この軸で回転すれば回転動作は速くなるので飛距離が出せる。しかし、インパクトからフォロースルーにかけて、いつまでもボールのあった位置を見ようとすると、頭と回転軸が右に傾いたフォロースルー回転になってしまう。背中の軸が右に傾いたフォロースルー回転では、右肩がインパクト時に極端に下がるため、ダフリショットやプッシュボールが頻繁に発生する。

このドリルではフォロースルーで頭が右側に倒れることを防止する感覚が習得できる。また繰り返し行えば、背中上部の筋肉を鍛えることができる。

左手と右手はそれぞれ矢印の方向に力を加える①。この力は軸を右側に倒そうとするが、この力に抵抗し、軸を守って回転する（②、③）。

スイング中、体の軸が右側に倒れると右の写真のようなインパクトになってしまう。このようなスイングでは右肩が下がるため、ダフリショットやプッシュボールが発生する。

3 左脚主体回転の強化

作り方 アドレス姿勢から肘のたたみ動作を覚える（76ページ）スイングを行い、フィニッシュで一旦停止する。さらに体を回転させ、フルスイングのフィニッシュ姿勢を作る。

ポイント 左脚の上でフォロースルー方向への深い回転を行う。この時、頭が正しい位置にあると左脚はかかと寄りの重心を保っているので、フィニッシュ姿勢では左足の親指の裏が若干浮く。不十分な体の回転や、バランスを崩すのはNG。

習得理由 ダウンスイングからフォロースルーにかけての回転では、左足の外くるぶしの下に重心を集めながら体を回転する。この時バランスのよい回転をするには頭のポジショニングが非常に重要で、スイング中に左足くるぶし下重心を崩さないような位置取りをしなければならない。

フィニッシュ時、左くるぶし重心を崩す頭の位置になると右肩が突っ込んだり、目標方向に出たりする。この場合は、シャンクショットやプルボールが出る確率が高くなる。ただし、このフィニッシュ時の正しい頭の位置はアドレス時とは異なるため、プレーヤーはスイング中に頭を動かしながら、バランスのよい位置に移動しなければならない。

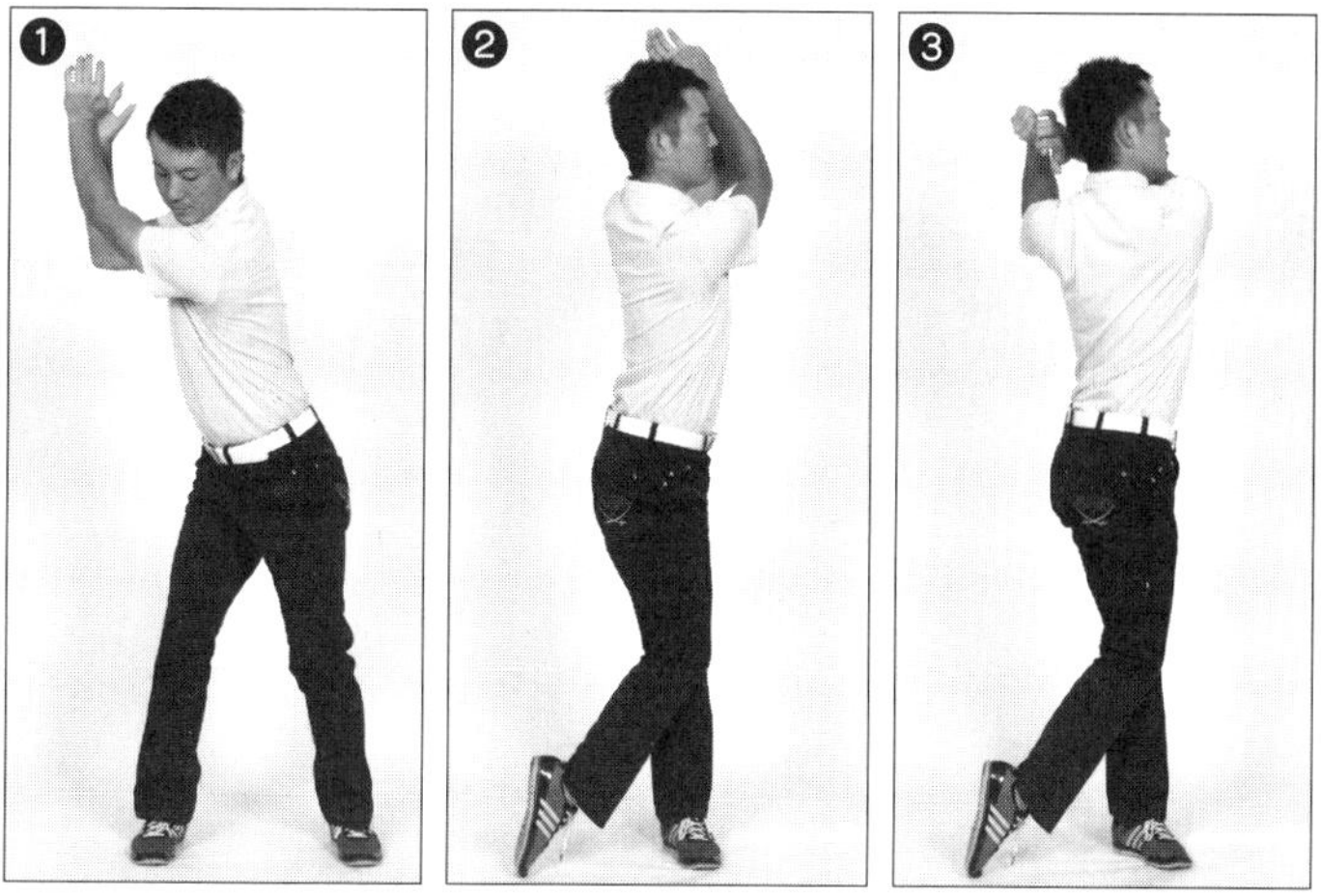

まず肘のたたみ動作を覚えたスイングを行う。続いて、そこから体を回転させてフィニッシュ姿勢を作る。

②から③のスイングの間で、右の写真のように左足の親指の下がかすかに浮くように回転する。この回転ができるのは、左脚の重心がくるぶしの上にあるため。

4 右脚スエー防止の強化

作り方 アドレス姿勢から両手を腰にあてて、バックスイング方向に体を回転させる。この時、回転の勢いで左足を一瞬上げる。その後、着地と同時に左脚の力で上半身を回転させフォロースルー方向への回転を行う。

ポイント アドレス時に右膝を内側に絞り、そのままバックスイング回転時に、上体を右脚の上に乗せるように回転させると、その勢いでトップオブスイング時に一瞬だけ左足を上げることができる。そして、一瞬浮いた左足を着地させると同時に左脚中心の回転を行う。左足が上がらない、完全に右脚に上体が乗ってしまう、バランスを崩すのはNG。

習得理由 バックスイング時に上半身は右脚の上に回転しながら移動してくる。この時、右脚は内側の筋肉で頑張って上半身を左脚の上に押し返そうとするので、腰は右脚の上に移動できない。

上半身だけが右脚の上にくるトップオブスイングからのダウンスイングでは、上半身は左の脚の上に押し返される。下半身は左脚を軸にすぐさま回転をスタートさせる。これによって、ダウンスイング時の体幹部の回転は下半身リードとなる。右脚の内側の頑張りが少ないと、下半身も右脚の上に移動してきてしまう。

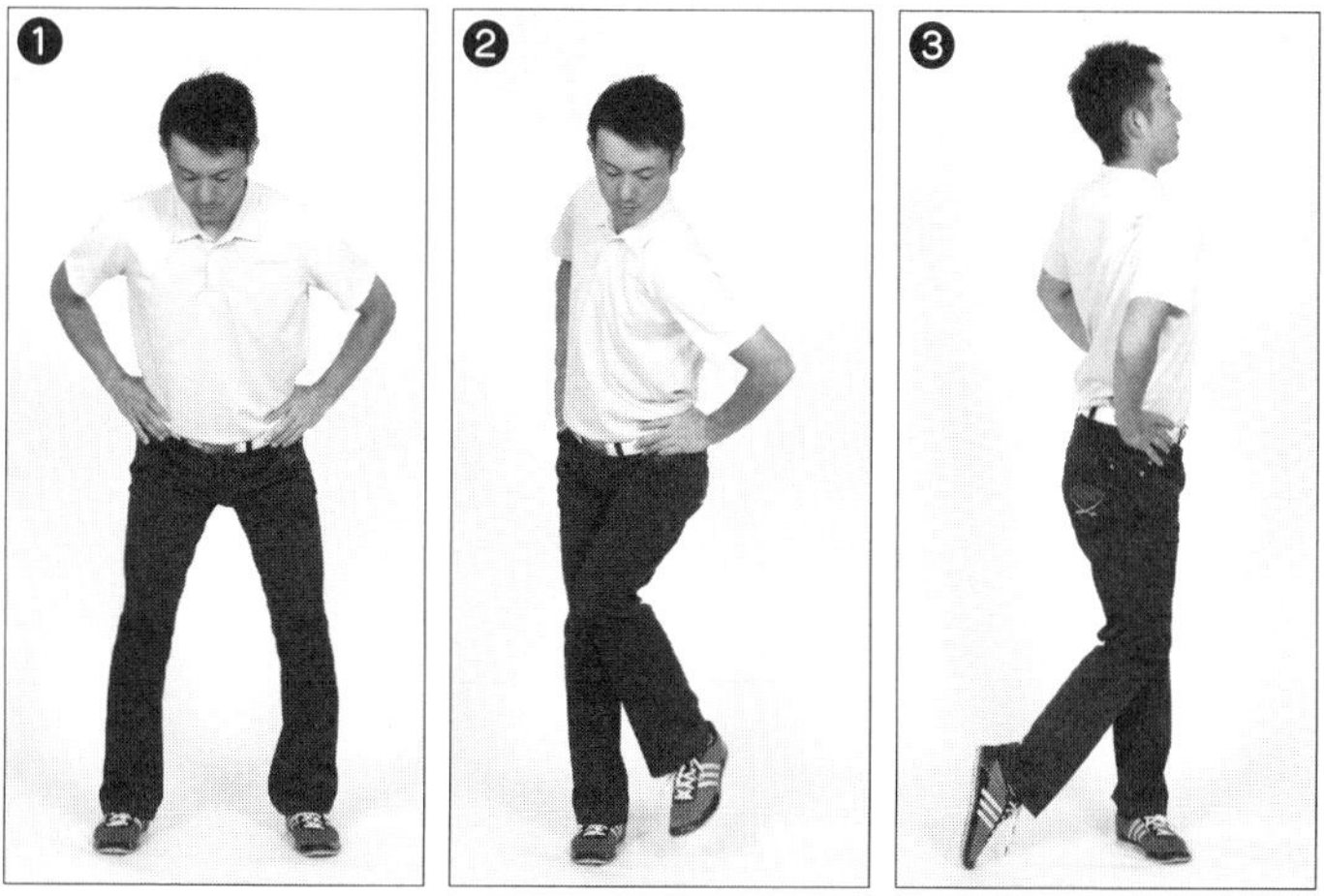

このドリルでは、バックスイング時に腰を右方向に流さない右脚の使い方が習得できる。また、繰り返し行えば右脚内側の筋肉を鍛えることができる。

右脚に重心がかかり過ぎるトップオブスイングでは、ダウンスイング時の左への移動を強調すれば回転ができなくなるため、プッシュボールが多くなる。逆に右脚重心のトップオブスイングからの回転では、アウトサイドイン軌道によるプルボールが発生してしまう。そのため、バックスイング中に腰は右方向に移動させるべきではない。

5

バランス感覚を身につける —前後重心移動の感覚—

作り方 腕を胸の前で組んでアドレスする。そして、バックスイング動作を行い、トップオブスイングでは左のかかとと右のつま先を上げる。続くダウンスイングからフォロースルーの回転で右足のかかとと左足のつま先を上げる。上体はバックスイング、フォロースルーとも90度ほど回転する。

ポイント トップオブスイングの回転では左かかとと右つま先が浮き、フィニッシュでは左つま先と右かかとが浮く。スイング中に所定の位置が浮かない、バランスを崩すのはNG。

習得理由 ゴルフスイングの回転は、両足ともつま先とかかと間の重心移動が発生する。アドレス時に土踏まずやかかと寄りにあった重心は、トップオブスイングでは左足はつま先寄りに、右足はかかと寄りにそれぞれ移動する。

その後、ダウンスイングからフォロースルーにかけては、左足はつま先からかかと寄りへ、右足はかかと寄りからつま先へ移動する。足の中で重心移動が発生しない回転では、回転可動域は小さくなるため、飛距離が出ない。また、重心移動が発生しない中で無理に体を回転させようとすると、バランスのよい回転はできずに様々なミスショットの原因になる。このドリルではスイング中の正しい前後の重心移動を感じることができる。

飛距離が出るスイングは、バランスと回転可動域が重要。この重心移動を強調したドリルで、両足のつま先とかかと間の重心移動の感覚を覚える。

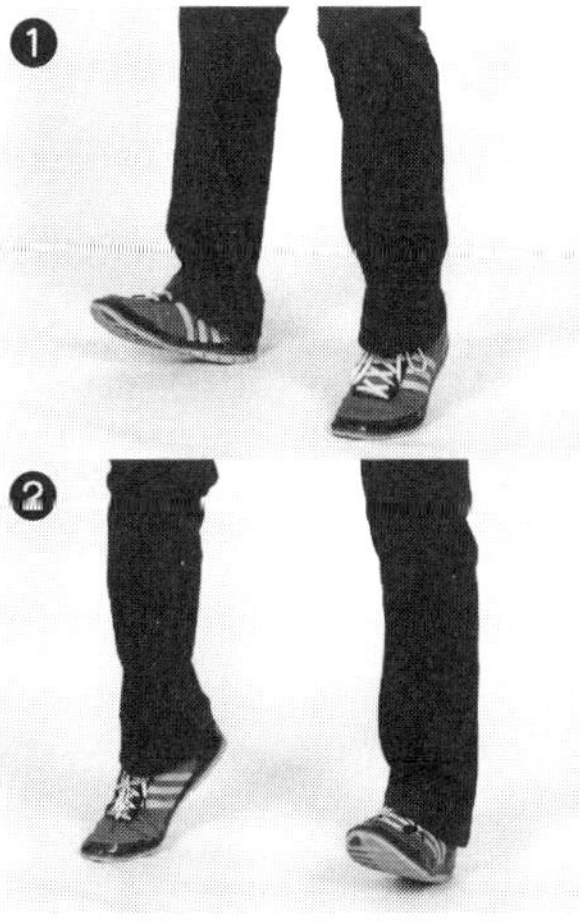

トップオブスイングでは、右足つま先と左足かかと①がそれぞれ浮き、フィニッシュでは右足かかとと、左足つま先②がそれぞれ浮く。

6 上体移動＋左脚回転の感覚

作り方 アドレスの姿勢から右つま先を上げる。両腕は腕の前で十字に組む。そして、右足のつま先を空中に浮かせたまま、バックスイング方向の回転を行い、トップオブスイングでも右つま先は接地しないようにする。その後、上半身を左脚の上まで移動させる間に腰を回し、つま先を上げたまま右足を1歩踏み出す。

ポイント 浮かせた右足のつま先を地面に着けずに、左脚の回転で1歩踏み出す。バックスイング方向の回転でつま先が地面に着いてしまう、回転に合わせて右足が踏み出せないのはNG。

習得理由 ゴルフスイングでは、上半身の左移動と左脚主体の回転の組み合わせで重心移動を伴った回転を行う。この回転を行うにはトップオブスイングで体が右に流れない感覚と、ダウンスイング以降に左脚を中心に体を回転をさせることが重要になる。

これに対して、トップオブスイング時の上体が背中側に反ってしまいクラブの振り上げが大きくなっているスイングではバランスが悪く、クラブをインサイドから振り下ろすことが難しくなってプルボールが出やすくなる。また、回転する側の脚の筋肉が弱いと、腰の回転が遅くなりダフリショットが多くなる。

アドレス時の右膝の角度、右足首の角度をまったく変えずに、頑張る右脚を丸ごと左脚の力で運ぶイメージを持つ。

ゴルフの回転はほとんど左脚の力で行う。この回転では上半身が遅れるので、右脚を１歩踏み出した場合、胸を張った感じになる。

7 頭ポジショニングの感覚

作り方 アドレス姿勢から両足をつけて構える。腕は胸の前で十字に組む。そして、足を閉じたままバックスイング方向とフォロースルー方向に体を回転させる。

ポイント フィニッシュで左膝（右打ちの場合）を目標に対して60度の位置で止め、右膝は目標に向け止める。この2つの膝の向きの調整を、それぞれの脚の内側の筋肉の絞りで行いながら、バランスが取れる位置に頭を動かす。スイング中にバランスを崩す、フィニッシュで左右どちらかの内転筋が緩んで両腿がつかないのはＮＧ。

習得理由 スタンス幅が狭まるほど回転はしやすくなるが、バランスは悪くなる。バランスを保つには、頭のポジショニングと両脚内側の筋肉の頑張りが必要である。両脚の内転筋が弱いプレーヤーは軸が左右にブレやすいので、ボールの右側を打ってしまうダフリショットや、右脚の上で体を回してしまうことで発生するプルショットも多くなる。また、両脚内側の筋肉の強さがあっても頭のポジションが悪いとバランスは悪くなる。

このドリルでは回転軸を保つために重要な両脚内転の筋肉の使い方と頭のポジションがわかる。軸が守れる回転ができるようになれば、ボールの曲がりが少なくなり、飛距離が伸びる。また、繰り返し行うことで、素早い回転に必要な両脚の内転筋が鍛えられる。

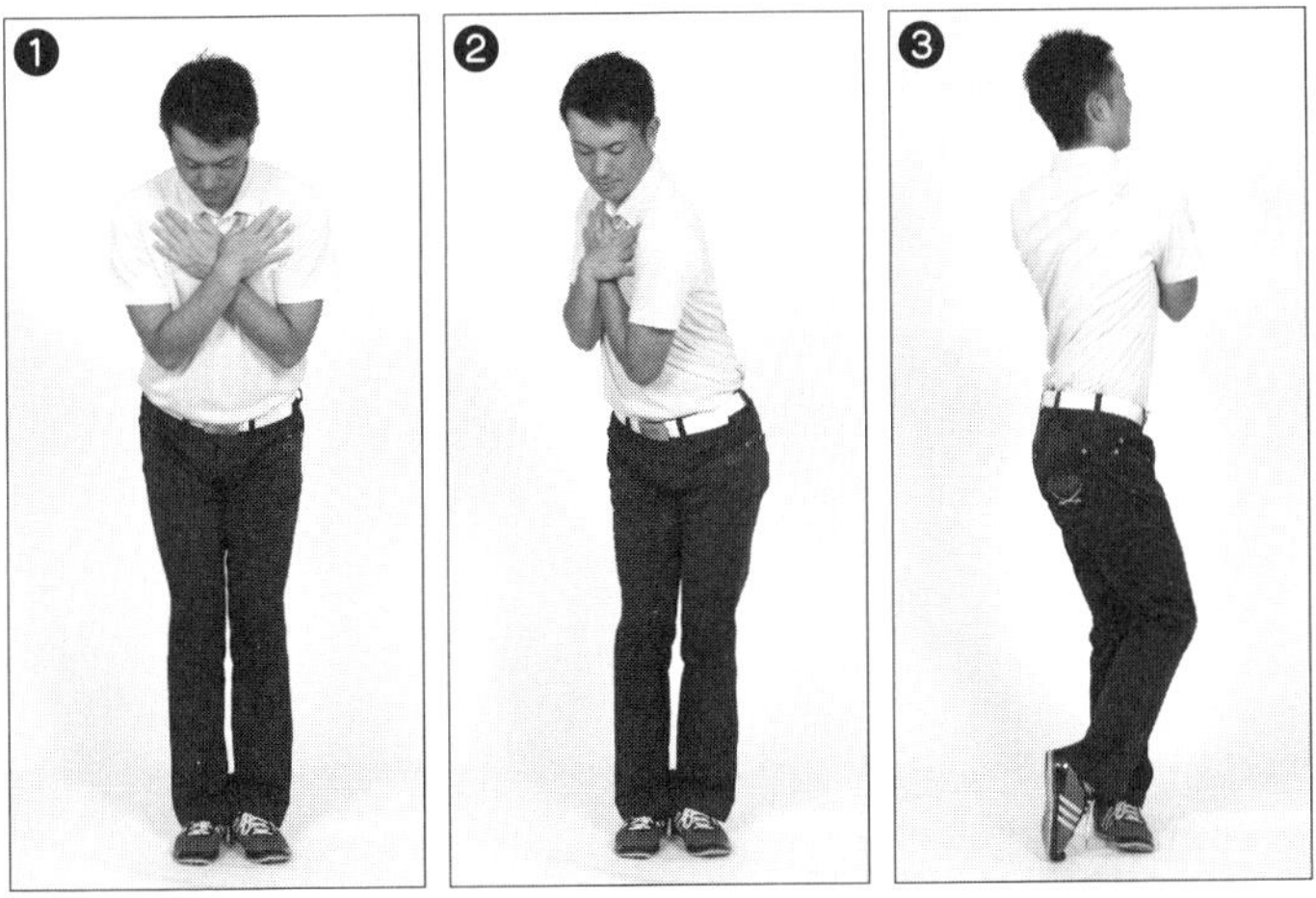

写真のようなスタンス幅でバランスのよい回転ができれば、通常のスタンス幅に戻したときに、より安定した回転ができる。バランスのよい回転は、ボールを曲げずに遠くへ飛ばすことができる。

両脚を寄せるように回転し、左右の膝の向きをややずらしていくと、フィニッシュでは左膝が右膝の裏側に食い込む形となり、両腿がくっつく。

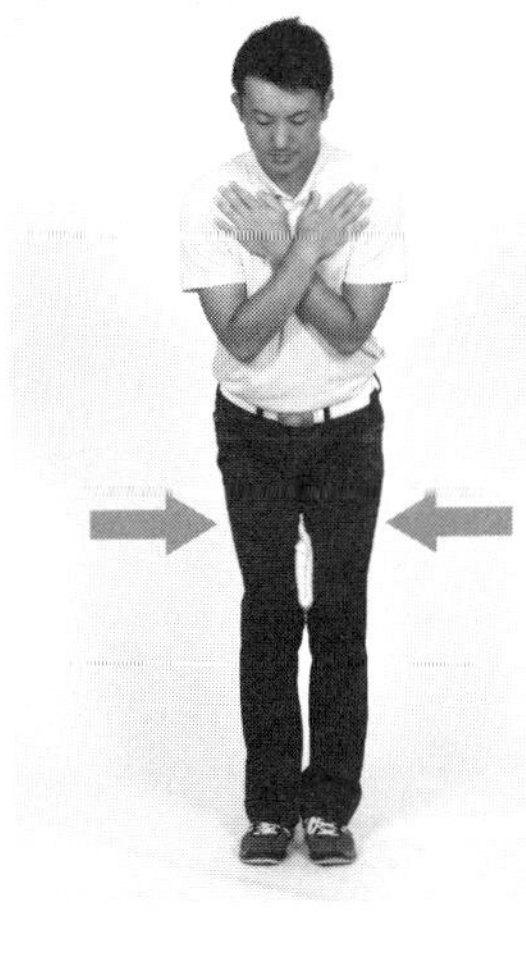

8

腕の動きをスムーズにする ―肘の絞りの調整―

作り方

アドレス姿勢から膝を伸ばし、上体を起こす。両手を離し、両肘を外側に向けながら、両腕を水平に上げて両手の親指を内側に倒す。この姿勢から両肘を下に向け、両親指を外側に倒し、その後肘は動かさず親指を立てる、という動作を繰り返す。

ポイント

両肘を伸ばしたまま、肘を動かさず両手の親指を動かす。動作中に肘が曲がってしまう、肘の動きで親指の向きを変えるのはNG。

習得理由

スイング中、両肘は絞り続ける必要がある。この絞りによってクラブシャフトは横よりも縦に動きやすくなり、スイング軌道が安定し、同じショットが何度も打てるようになる。そして、縦方向の限定されたクラブシャフトの動きは重力が利用できるため、ヘッドスピードを上げることができ、飛距離も伸ばせる。さらに、縦の方向の上下動では、クラブフェースのローテーションが発生しないため、ショットの曲がりも少なくなる。これに対して、両肘の絞りの甘いスイングでは、クラブシャフトの動きの自由度が高まるために、軌道が安定せず、スピードも出ない。さらにはクラブフェースの動きも毎回変わってしまうため、様々な曲がるボールが出る。このドリルでは、飛んで曲がらない球を何度も打つための両肘の絞りの感覚と、絞りに使う胸の外側の筋肉が強化できる。

両肘頭を外側から下方向に向ける動きで使うのは、胸外側の腕のつけ根横にある筋肉であり、この筋肉で肘を絞ってスイングを行う。

肘の動きでバトンを垂直に立てる（時計回りにバトンを動かす）イメージで行うと、肘の絞り方を理解しやすい。

9

腕水平コック動作の強化

作り方

アドレス姿勢から上体を起こし、腕を水平近くまで上げ、両方の手の指をすべて伸ばす。この時、右手生命線と左親指は密着させておく。そして、できるだけ肘を伸ばして、コック動作とアンコック動作を数回行う。

ポイント

両肘を伸ばしたまま肘を下に向け、コック動作とアンコック動作を行う。そのときに、左手親指と右手生命線の密着がほどけてしまうのはNG。またコック動作とアンコック動作を行う時に腕が上下に動いたり、肘が大きく曲るのはNG。

習得理由

ゴルフスイングで、腕の動きの中心になるのが、コック動作とアンコック動作であり、この動作が上手くできるかどうかはショットの成否を大きく左右する要素となる。このドリルでは両肘を下に向けることによる肘の絞りが、左手の親指と右手の生命線の密着を強め、手首の動きでコックとアンコック動作が行われることがわかる。肘を下に向ける力は胸の外側の筋肉が行っているため、この動作を繰り返すことによりスイング中に両肘を絞る筋肉を鍛えることができる。また、手首を上下に動かすときに上方への動きは右手リードで、下方への動きは左手リードで行うことによって、手首の動きのメカニズムを確認することができる。

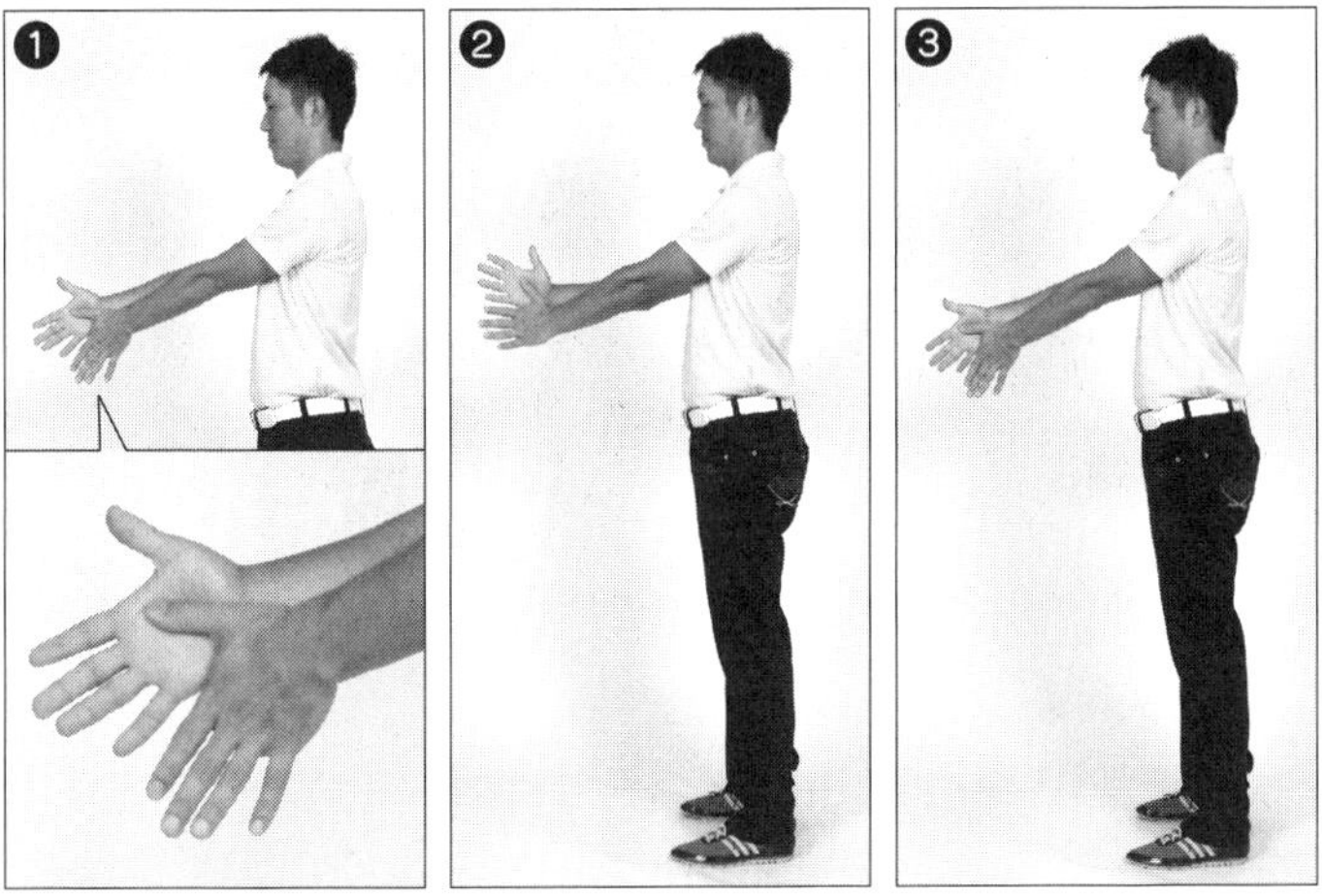

両肘を下に向けると両腕が固定できる。両腕を固定するとコック、アンコック動作では、30度前後しか手首が動かないことがわかる。

コック、アンコック動作の手首の動きは前腕を固定して「バイバイ」と手を振る動きのイメージ。それほど大きくは動かない。

10 V字リフトアップ動作の強化

作り方　アドレス姿勢から体を起こし、体の正面で高さ感覚習得グリップを作る。そこから、右肩の上に両手を振り上げ、その後に元の位置へ戻す。続いて、左肩の上に両手を振り上げ、再び体の正面に戻す。

ポイント　右側の振り上げ時には右腕上腕が、左側への振り上げでは左上腕がそれぞれ地面と平行になるようにする。また、動作中は両ひじの間隔は常に一定。振り上げ時に左右の上腕が極端に高いまたは低い、動作中に両肘の間隔が変わってしまうのはNG。

習得理由　スイング中、クラブは右腕の振り上げ動作と左腕の引き下ろし動作のコンビネーションで、縦プレーン上を上下に動く。左右の腕のコンビネーションが上手くできているスイングは、右腕による振り上げ動作が最適な位置にきた時に、左腕が振り下ろし動作をスタートするため、毎回同じ位置からのタメの効いたダウンスイング動作ができる。逆に両腕でクラブの上下動を行うスイングは振り上げを意識すればするほど振りおろしのスタートが遅れるため、オーバースイングになりダフリショットが発生する。また、振り下ろしを意識しすぎた場合は、ダウンスイングへの移行のタイミングが早くなってしまい、クラブの振り上げが小さくなってショットの飛距離が落ちてしまう。

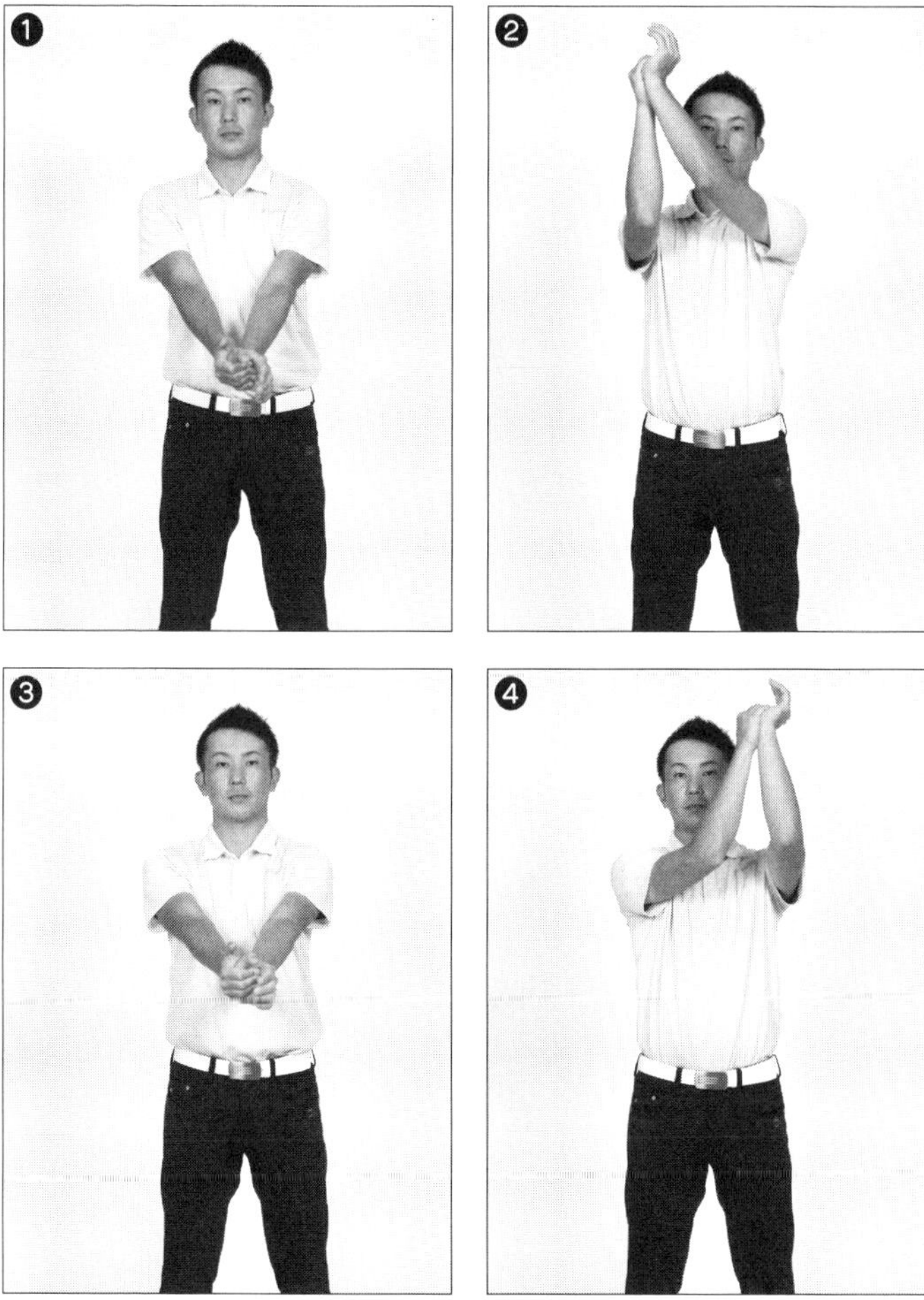

①から④の動作では両肘の間隔が変わらず、肘頭が下を向いている。この関節の向きはスムーズなクラブの動きを可能にし、ショットの飛距離を伸ばす。

11 肘絞り回転動作

作り方

アドレス姿勢から膝の角度は変えず、両つま先と両膝をやや外側に向け、上体だけ起こす。そして、両腕の上腕を地面と平行になる位置まで上げ、前腕が地面に対して垂直になるように上げる。その姿勢のまま上半身の形を変えずに、腰から上を回転させる。

ポイント

はじめに作った腕の形（上腕の高さ・両腕の間隔）を変えずに体を回転させる。上腕が下がる、上腕と前腕の角度が変わる、両肘の間隔が変わってしまうのはNG。

習得理由

ゴルフスイングの回転運動は下半身、時に左脚が腰を上半身に対して先行するように回転させ、上半身との間にずれを作るため、肩はより高速に回転する。

この時、作られる上半身と下半身のずれにより体幹部にねじれが発生するため、体幹部に柔軟があるとねじれが大きくなり、飛距離アップにつながる。

また、上半身は遅れて回転するためにクラブヘッドもインサイドからボールをヒットすることになる。

これに対して、体幹部のねじれが少ないと、ダウンスイング時に右肩を前に出すようにしながら、右腕でボールを叩くような動きをしてしまう可能性が高いため、プルボールが発生しやすい。

両つま先と膝を外側に向け、下半身を固定する。そのまま肩を回転させ体幹部をねじる。これを続けて行えば、飛距離アップに必要な体幹回りの筋肉が鍛えられる。

腕の動きで上半身を回転させないためのこの姿勢は、ボクシングでガードを固めるポーズをイメージする。

12 左手右太腿あて回転動作

作り方　アドレス姿勢から、右手は右尻、左手は右太腿部の横に置く。左手の位置がずれないようにバックスイング方向に体を回転させる。その後、トップオブスイングで停止する。

ポイント　左手がはじめに置いた位置からずれないように回転すると、左肩は右膝の上に動き、背中はやや右側に倒れる。この時に右尻は左かかと方向に向かって動く。回転と同時に左手が上がり、背中が左側に反るのはNG。

習得理由　バックスイング回転では、下半身はその場で回転するが、上半身は右脚の上に移動してくる。これに対して、左肩が左膝の上からあまり動かない回転では、右腰はスエーしやすい。さらに、トップオブスイングの背中も目標方向に反ってしまいやすく、アウトサイドイン軌道のダウンスイングしかできなくなってしまう。このNGが発生する原因は、アドレスから目の位置を動かさないようにしながら行う回転である。

このドリルではバックスイング時に、目の位置も含めて上半身を右足の上に移動させる感覚および体幹部の柔軟な動きがつかめる。また繰り返し行うことで、トップオブスイングの上半身を右脚の上に引きつける下腹部の筋肉を鍛えることもできる。さらに体幹部の柔軟性を高めることにもつながる。

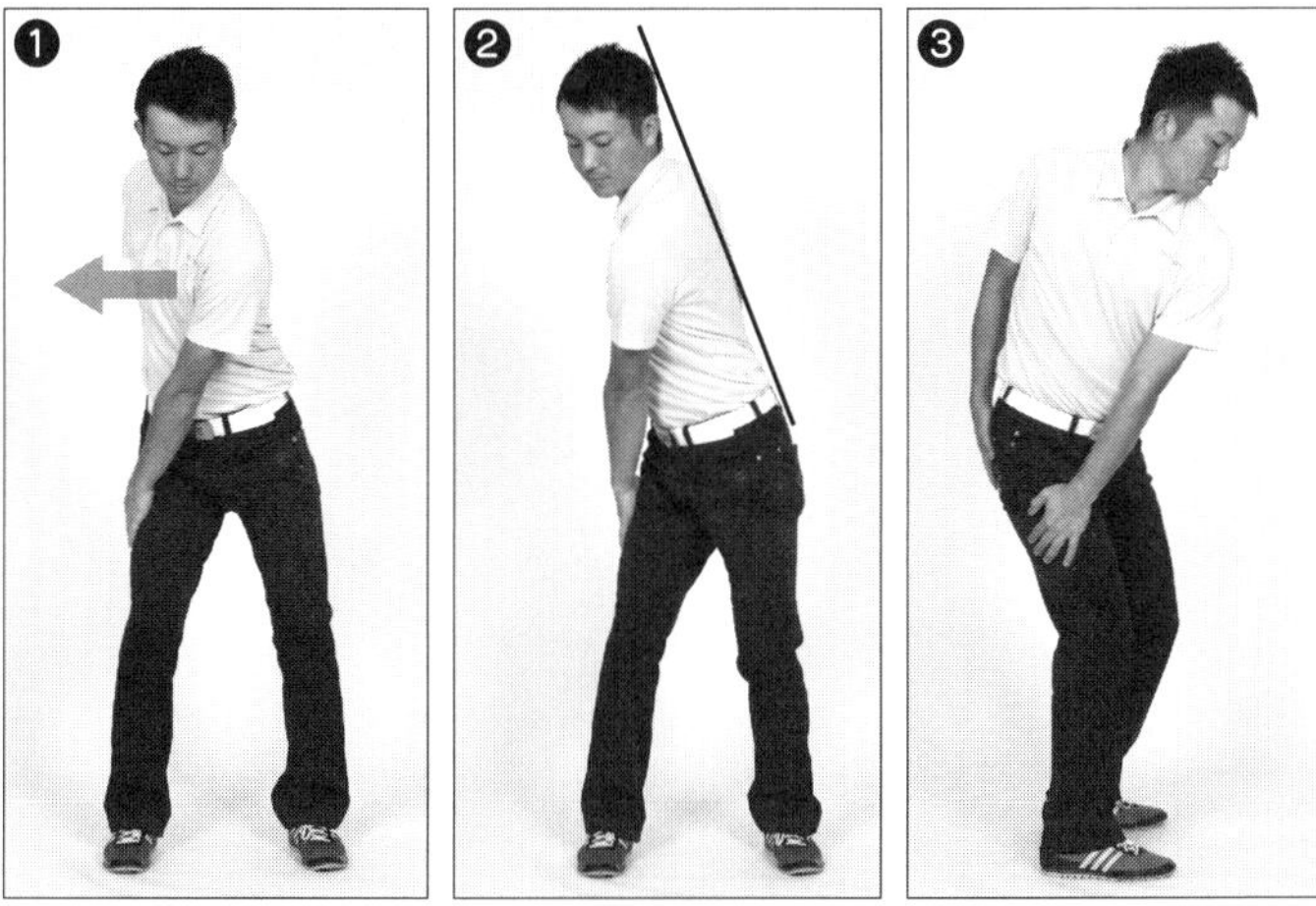

②の姿勢は、ダウンスイング時に左脚の上で回転する下半身の準備と、右脚の上から左脚の上に移動しようとする上半身の準備となる。

アドレス時の左目の位置がバックスイング時に動かないと、腰が右に流れ、背中が反ってしまう。

13 右手左太腿あて回転動作

作り方 アドレス姿勢から左手はアドレスポジション、右手は左太腿上部に置き、フォロースルー方向へ腰を回転させる。フィニッシュは右腕が左太腿を右方向に引っ張る。

ポイント 左脚横にあてた右手で、左脚が必要以上に左方向に回転しないようにしながら腰を回転させる。左手の位置がずれてしまうような回転はNG。

習得理由 フォロースルーの回転は左脚の内側の筋肉で左膝を目標の60度ほどの位置で止めながら、外側の筋肉およびお尻の筋肉が腰を回転させる。

フォロースルーで左膝が目標方向を向いてしまうと、左太腿の筋肉のねじれが使えなくなってしまうので、右サイドでボールを叩きにいくことになる。そのため、シャンクショットやササリショット、プルボールなどが発生する。

また、上手くボールをヒットできても、体を高速で回転させられなくなり、ヘッドスピードが落ちてしまう。さらに、左太腿の筋肉が硬いと十分な回転ができなくなってしまうので、これでもヘッドスピードは落ちてしまう。

このドリルでは左太腿の柔軟性を高めることができる。

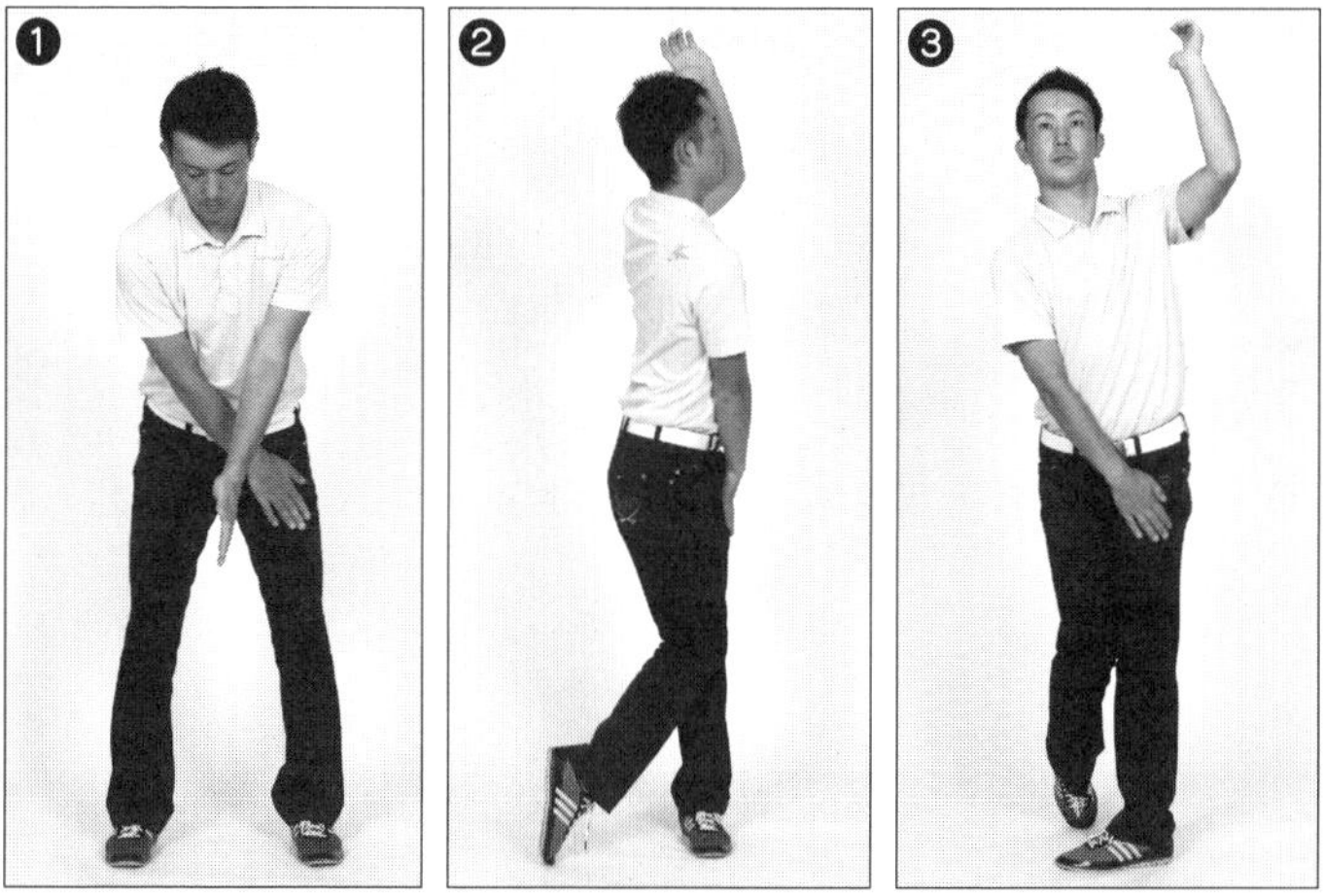

このドリルでは、左脚太腿の柔軟性が身につけられるとともに、繰り返し行うことで回転速度を上げるために必要な左太腿の内側の筋肉と、左足外側の筋肉および左側のお尻側の筋肉が鍛えられる。正しいフィニッシュ姿勢は両膝がくっつく。

左脚内側の筋肉が、左膝の流れを止める。Ⓐの写真のようなフィニッシュでは腰の回転も不十分になるため、飛距離は望めない。正しくはⒷのフィニッシュ。

14

腕引き上げ回転動作 ―ストレッチ回転―

作り方

アドレス姿勢から右手で左腕を下から押さえ、腕を右上に引き上げながら体を回転させた後、元の姿勢に戻る。続いて、左手で右腕を下から押さえ、左上に腕を引き上げながら体を回転させた後、元の姿勢に戻る。

ポイント

できるだけ下半身を動かさずに、バックスイング側では右腕で左腕と上半身を引き上げ、フォロースルー方向の回転では左腕で右腕と上半身を引き上げ、それぞれ体を回転させる。必要以上に下半身が動くのはNG。

習得理由

飛距離の出るダウンスイング回転では、体幹部のねじれは重要な要素。その上、ゴルフスイングではその間に腕の上下動を行うために、体幹部が硬いことは飛距離アップの面でも再現性を高める意味でもマイナスになる。また、肩回りの筋肉の柔軟性がなくなると、腕の上下動もスムーズに行えなくなり、トップオブスイング時のグリップの位置が低く、背中側にずれやすい。

このドリルを行うことによって肩回りの筋肉が伸び、スイング中に腕が上下に動きやすくなる。たとえラウンド前にショット練習ができない場合でも、このドリルを行えば体の両サイドの柔軟性を高めることができる。

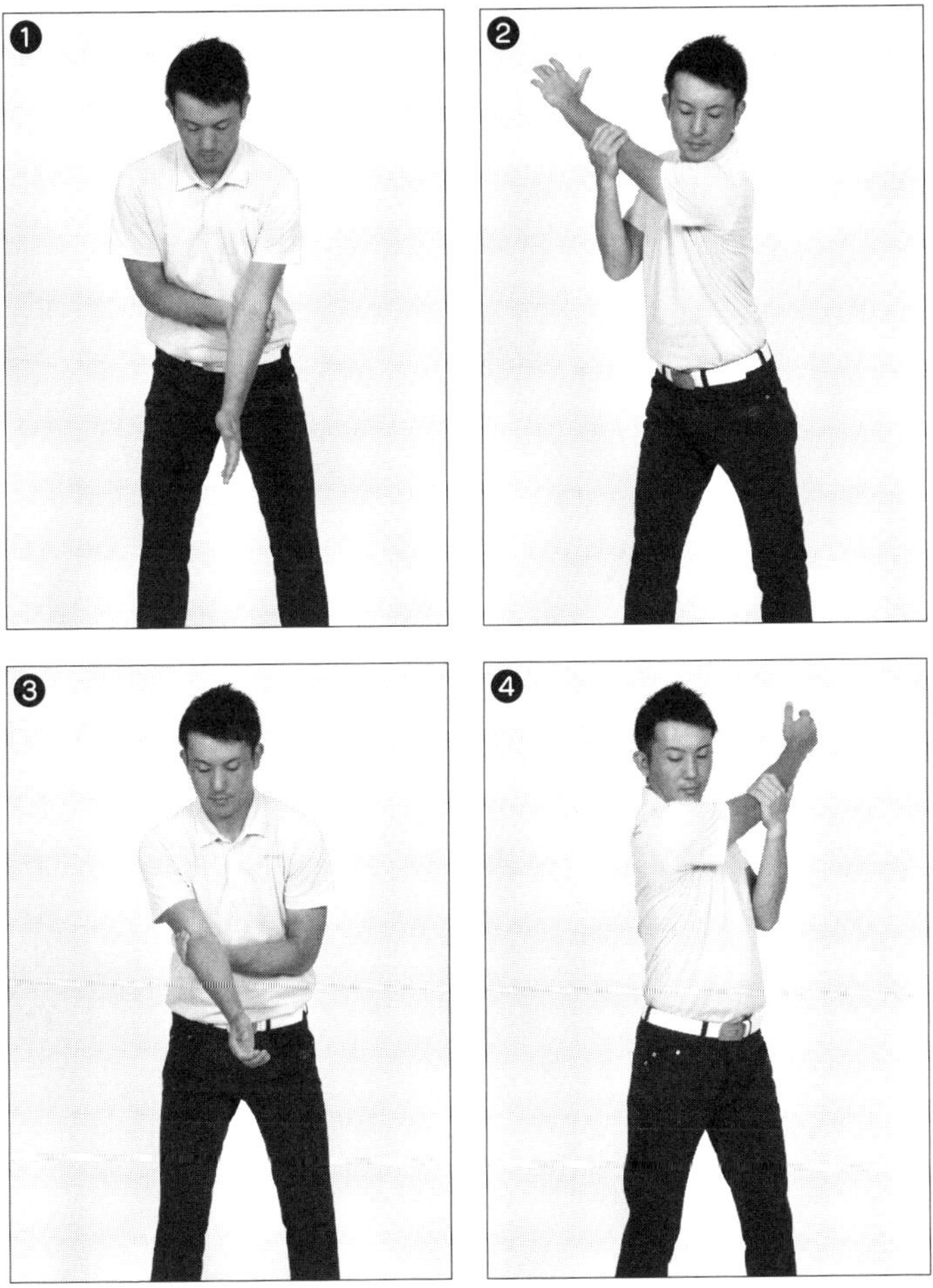

②と④で左右それぞれ体幹部と肩回りの筋肉を伸ばす。柔軟性が高まると可動域が広がるため、スピードとバランス力をアップできる。

ボールを打ちながらでは学習できない動きを習得する

ここまで解説したように、スイング中の回転軸の維持、バランス感覚を高める、腕の動きをスムーズにする、柔軟性を高める、をスイング動作に取り入れることで、より一層「飛んで曲がらない球が何度も打てる」スイングになっていきます。

ある一定のスイングフォームができてくると、ゴルフスイングは形の学習だけでは解決できない部分が見えてきます。それは飛距離を伸ばしたければスイング中に回転軸を維持しながらスイングするための筋力、軸を感じながら体のブレを抑えるバランス感覚、体をねじることでスピードを高める柔軟性などが必要だということです。

また、曲げないショットを打ちたければ、フェースのローテーションが発生しないスムーズな腕の縦の動きや、無理な振り方を嫌がるバランス感覚、多少のタイミング狂いをカバーする柔軟性が必要になってきます。

さらに可動域の80％で十分にスイングできる柔軟性も手に入れなければなりません。

仮に常に１００％の力でスイングしているとすれば、朝一番のショットから最終ホールの最終ショットまで、体力的に同じターン動作を行うことが難しくなるのです。そうなるとスタートから最終ホールまで、同じスイングができないので同じショットが打てる確率はとても低くなるのはおわかりでしょう。

このように考えると、第5章で学んだ4つのポイント（①回転軸をしっかりさせる、②バランス感覚を身につける、③腕の動きをスムーズにする、④柔軟性を高める）を強化する体の動きと、その感覚を体で覚える必要があることがわかると思います。

ここで紹介したドリルも、ボールを打ちながらではなかなか身につきにくいものばかりです。ボールを打ちながらでは、回転軸がしっかりと維持できているかを感じることは難しいでしょう。また、バランス感覚を高めるために必要な動きを意識しながらショットを打つことや、柔軟性についてのチェックをするのは至難の業です。

なぜなら、ほとんどの人はボールを打ってしまうと、球がどんなふうに飛んでいくのか気になり、それどころではなくなってしまうのですから。

しかし、第5章で学んだ4つのポイントは、飛んで曲がらないショットを何度も打つための必要不可欠な要素です。

そこで、この章のドリルを通して4つのポイントの動きと感覚を、まずクラブを持たずに体で覚えてください。そうすれば、無意識に行ったスイングの中にこれらの動きや感覚が組み込まれ、目標とするショットが自然に打てるようになるのです。

第6章

ゴルフクラブを持たずに上達する

―ミスショット矯正編―

ミスショットの種類

練習とコースとの一番大きな違いはなんでしょうか？

そう、誰でもわかる答えですが「コースでは、練習場のようにミスショットが出たあとに、何回も打ち直しや試し打ちができない」ことです。

どのショットもすべてが本番であり、上手く打てなかった1打はミスショットとなりますが、すべてスコアにカウントされてしまいます。それゆえに、ミスショットが出たときに直ちに矯正ができないと、打数を積み重ねていくことになります。

そこで、この章ではコースで出たミスショットを矯正するためのドリルを紹介していきます。**ミスショットが出ても、ここで説明するドリルで修正が簡単にできれば、わざわざ調整のための練習ショットをしなくともスイングを元に戻せるのです。**

ではどうやってミスショットを修正するのか？　それはミスショットを発生させる動きを知り、その動きの矯正を行っていくのです。ミスショットを生む動きには様々なものがありますが、ここでは発生するミスショットごとにその動きの矯正方法をまとめています。

ラウンド中や練習場でボールを打っている時にミスショットが発生した場合に、次のショットをすぐさま修正するのが最大の目的です。

それでは、ここで矯正するミスショットとその原因について説明していきます。

❶トップショット：このミスショットは、クラブのスイートスポットがボールの上部に当たってしまうことで発生する。そのためショットはゴロか、低いライナー性の弾道になり、目標を大きくオーバーする可能性が高い。このミスショットが発生する原因は、「バックスイング時に左肩が下がらない」「インパクトで左腕が体から離れてしまう」「ダウンスイングからインパクトにかけての左腕のクラブシャフトに加える押さえ力が弱い」が考えられる。

❷ダフリショット：このミスショットは、ダウンスイング時のクラブヘッドがボールをヒットする前に接地してしまうことで発生する。そのため軽度のダフリショットは見た目には通常のショットとあまり変わらないか、もしくはやや高く上がり飛距離がやや落ちるぐらいだが、接地する場所がかなり右にずれると、接地した後のクラブヘッドがボールの上に当たるためトップショットと同じような弾道で飛ぶショットが出る。これはクラブヘッドがボールの手前に接地しているため、あくまでもダフリショットになる。このミスショットが出る原因は、「バックスイング時のスエー動作」「ダウンスイング時の右脚を主体とした回転」「体の回転速度が遅い」が考えられる。

❸シャンクショット：このミスショットは、ボールがクラブのネックの部分（シャフトとクラブヘッドの接点）に当たってしまう。そのためネックの部分が盛り上がっているアイアンクラブの場合は、ボールは45度ほど右方向に飛び、ユティリティークラブやフェアウェイウッド、ドライバーのようにネックの部分が平らなクラブの場合には、ボールは45度左方向に転がる。原因は、「アドレス時の重心配分が適切でない」「バックスイングからダウンスイングへの切り返しの時に上半身が突っ込む」が考えられる。

❹ササリショット：このミスショットは、スイングの最下点が地面より低くなり、クラブヘッドが地面を深く掘ってしまうことで発生する。確かに、クラブヘッドがボールに当たってから地面を掘る場合は、インパクト後のクラブヘッドの振り抜きが悪くなるだけなので、ショットはやや高さと飛距離が落ちるだけでそれほどひどい結果にはならないが、このミスショットがダフリショットと併発すると、クラブヘッドはボールの手前の地面を深く掘ってしまうため、まったく飛ばないショットが発生する。原因はシャンクショットと同じで、「アドレス時の重心配分が適切でない」「バックスイングからダウンスイングへの切り返しの時に上半身が突っ込む」「ダウンスイング中に上半身が突っ込む」が考えられる。

❺テンプラショット：このミスショットはドライバー特有のミスで、クラブヘッドがイン

パクト時に地面を触ってしまうことで発生する。このインパクトではボールはクラブヘッドの上部に当たるため、ショットは高く上がってしまい距離が出ない。ひどい場合は走っていったらキャッチできるぐらいのショットになってしまう。原因は、「インパクト時に腕とクラブシャフトの角度が伸びてしまう」「テークバックの軌道が直線的になってしまう」「インパクト時の上半身が突っ込む」などが考えられる。

❻フックボール：このミスショットは、真っ直ぐ飛び出したボールが途中から左に大きく曲がる。このショットは、ボールが目標より右方向に打ち出された場合には目標方向に向かって飛ぶこともあるが、ひとたび左方向に打ち出されると、そこからさらに左に曲がってしまうため、OBの危険性は高くなる。原因は、「ダウンスイング時に右前腕がターンしてしまう」「インパクト時に右脇が開いてしまう」が考えられる。

❼スライスショット：このミスショットは、真っ直ぐ飛び出したボールが途中から右に大きく曲がる。このショットは、ボールが目標より左方向に打ち出された場合には目標方向に向かって飛ぶこともあるが、ひとたび右方向に打ち出されると、そこからさらに右に曲がってしまうため、OBの危険性は高くなる。原因は、「ダウンスイング時の左肘の絞りが甘い」「インパクト時に左肘が引ける」が考えられる。

1 トップショットの矯正Ⅰ ―左肩下げバックスイングの習得―

作り方 アドレス姿勢から左手を左太腿に、右手は右尻に置く。左手の位置がずれないようにバックスイングし、回転が終了した時点で、両手を合わせ腕を振り上げる。

ポイント 左手の位置がずれなければ、トップオブスイングの左肩の位置は下がる。バックスイング動作の時に左手がずれて左肩の位置が高くなってしまうのはNG。

習得理由 ゴルフスイングでは、前傾した上半身の回転軸で肩が回転するため、トップオブスイングの左肩は水平よりやや下がる。トップオブスイングで左肩が下がっていると、トップショットの防止およびインサイドからのボールヒットを可能にする。しかし、バックスイング時に左肩を下げる動きは、地面を掘ってしまうイメージが強くなるため慣れが必要。また、正しい体の動きができていないと左肩は上手く下がらない。バックスイング時に左肩が下がらない場合、ダウンスイングで右肩を下げなければトップショットになってしまう。そうなると、上手く右肩が下げられたとしてもプルボールやシャンクショットになりやすい。

左肩の下げは、テークバックの過程で行うため、トップショットを防止するにはこのドリルで覚える必要がある。

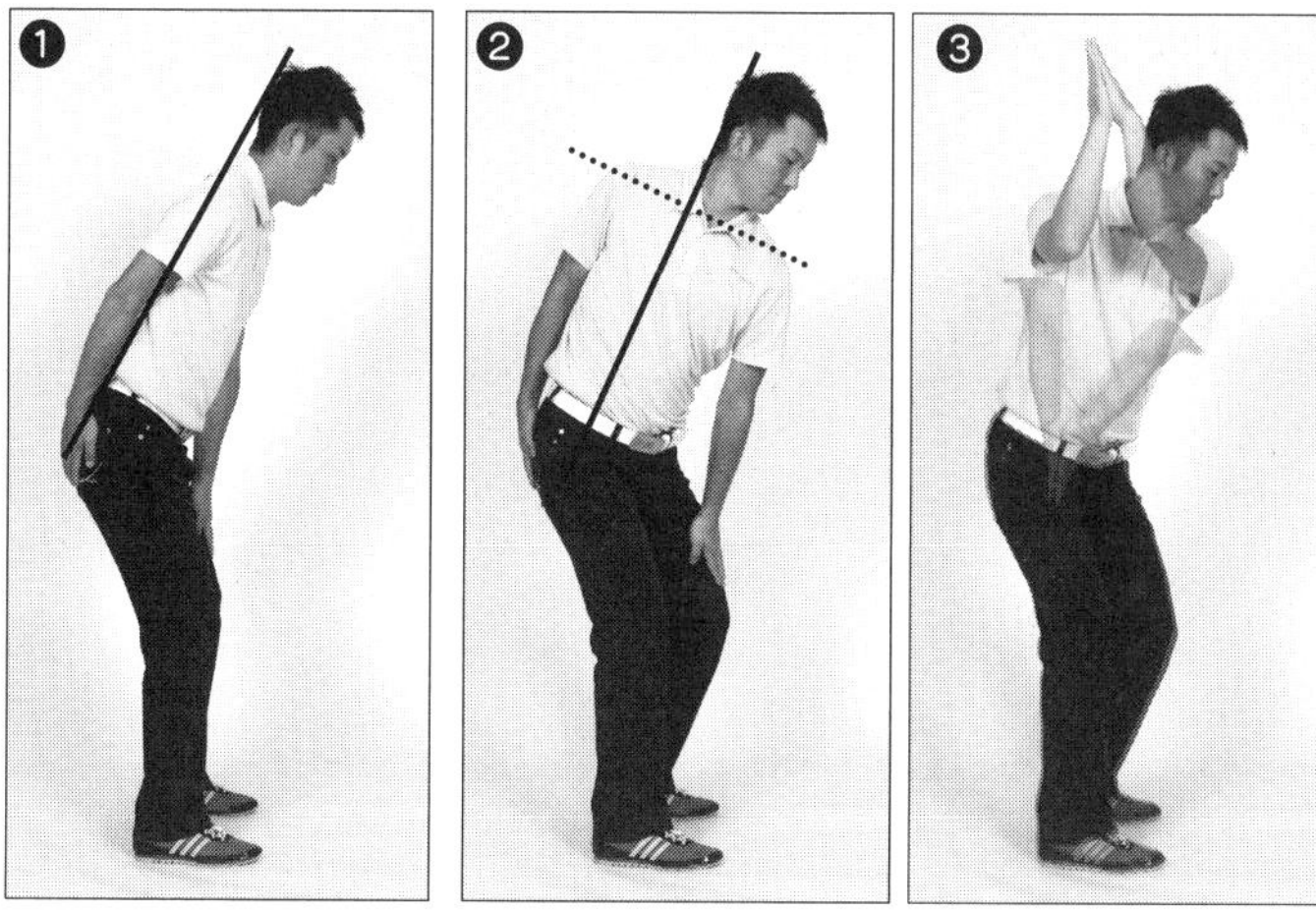

アドレス時の前傾軸で上半身を回転させると、左肩はやや下がる。この姿勢を保ったまま、両手を合わせ腕を振り上げる。

トップオブスイング時に右腕が力んでいると右肩が上がりにくいので、左肩は下がらない。このドリルで左肩を下げる習慣をつけ、右腕の力みをなくす。

2 トップショットの矯正Ⅱ ―左腕胸乗せダウンスイングの習得―

作り方

アドレス姿勢から右手は右尻に置く。左手はアドレスポジションにセット。バックスイングを行いトップオブスイングの位置から左腕を真下に下げアドレス時に左腕のつけ根があった。左胸の上に左腕を乗せる。左腕が左胸に密着したら体を回転させインパクト姿勢を作る。

ポイント

トップオブスイングから左腕を下げて左胸に密着させてから体の回転でインパクト姿勢を作ると左腕と左胸はアドレス時の関係を再現する。インパクト時に左腕が左胸に密着していないのはＮＧ。

習得理由

ゴルフスイングでは、トップオブスイングから左腕は真下に下げる。この力が強いとクラブを高速で振り下ろせるのでトップショットが防げる。そして、下ろされている腕を腰の回転によりインパクトまで運べばインサイドからのダウンスイングになる。逆にトップオブスイングから左腕は下げず、いきなり回転をスタートさせるとアウトサイドイン軌道になりトップショットが発生しやすい。また、何とかショットできたとしてもプルボールになる。そのため、トップショットを直すためにこのドリルでは左腕を下げる動きとその腕をインパクトまで運ぶ動作を別々に行って習得する。

トップオブスイングから腕を強く左胸の上に戻す。続いて、左腕の密着を強めたまま体を回転させてインパクト姿勢を作る。

3 トップショットの矯正Ⅲ ―左腕押さえインパクトの習得―

作り方　高さ感覚習得グリップでアドレス姿勢をとり、トップオブスイングから腕を真下に下ろしながらインパクトで止まる。

ポイント　トップオブスイングから腕を真下（右足のくるぶし方向）に振り下ろした時に、左手の掌底が右手の中指、薬指、小指に上から押さえる力を加えているかどうかがポイント。

習得理由　トップオブスイングから左腕は真下に下げられる。この左腕を下げる力がクラブヘッドに伝わり、クラブのソールが地面に届く。この力が強ければトップショットを防ぐことができるため、この力をドリルで感じたい。

上から押さえる力を加えている左腕が、回転によってインパクトまで運ばれた場合、インパクトでも左腕は上からクラブを押さえつける力を加えているので、トップショットが矯正されるうえに飛距離の出るボールが打てる。

逆に両腕によるクラブの振り下ろしはダウンスイングで加速が足りないために飛距離が出せない。

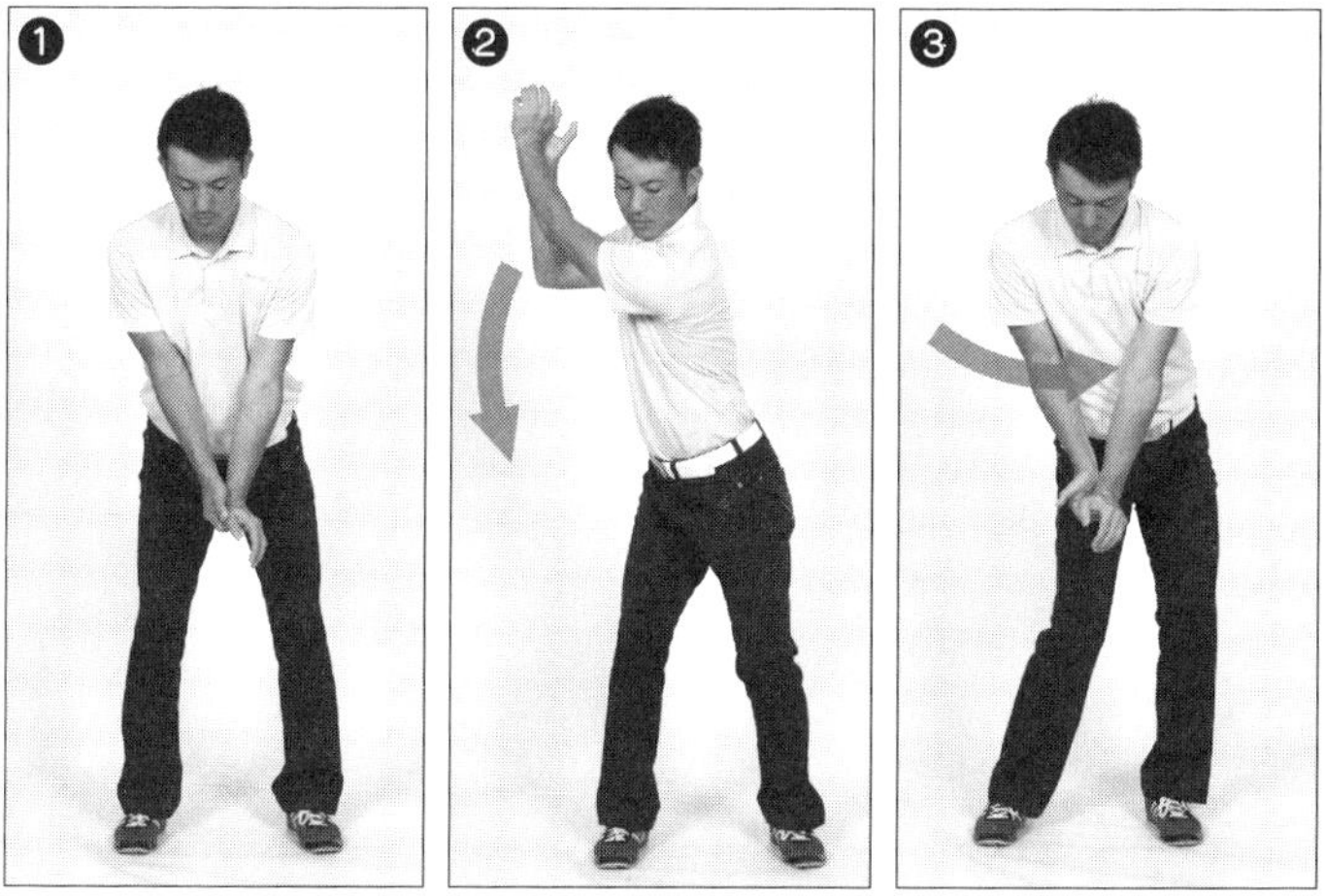

このドリルでは左腕の振り下ろしと体の回転のコンビネーションが覚えられる。また、続けて行うことで、クラブを振り下ろすときに主体となる左上腕の裏側の筋肉と、回転を担当する左脚の筋肉を鍛えられる。

インパクトで止まった時に左腕は地面を押すような力を加えているかがポイント。左腕を目標方向に動かそうとしていると、左腕の上から押す力が弱まるので、トップショットが出やすい。

4 ダフリショットの矯正Ⅰ ―スエー動作の矯正―

作り方 ヘッド固定感覚習得グリップでアドレス姿勢を作り、右足の外側を浮かせる。右足の外側を浮かしたまま一連のスイング動作を行う。

ポイント トップオブスイング時、ダウンスイング時、インパクト時のそれぞれで右足外側が地面に着かないように注意しながらスイング動作を行う。バックスイング時に体が右に流れ、右足外側が地面に着いてしまうのはＮＧ。

習得理由 バックスイング中、右脚は内側の筋肉で頑張り、体が右方向に流れるのを防止すると同時に、右脚の上に向かって回転してくる上半身を左脚の上に押し返す。その後ダウンスイングで、左脚の上に押し返された上半身を左脚が回転させることで、左脚が主体の回転が成立する。ゴルフスイングは左脚を中心に回転する運動であり、この回転によってインサイドインのクラブヘッドの軌道が作れるため、打球はまっすぐ飛ぶ。上体が右脚の上で回転してしまうダウンスイングでは、ダフリショットやプルボールが出やすくなる。このドリルでは、これらのミスショットを防止するバックスイング時の右脚内側が頑張る感覚が習得できる。さらに、繰り返し行うことによって、頑張っている右脚内側の筋肉を鍛えることができる。

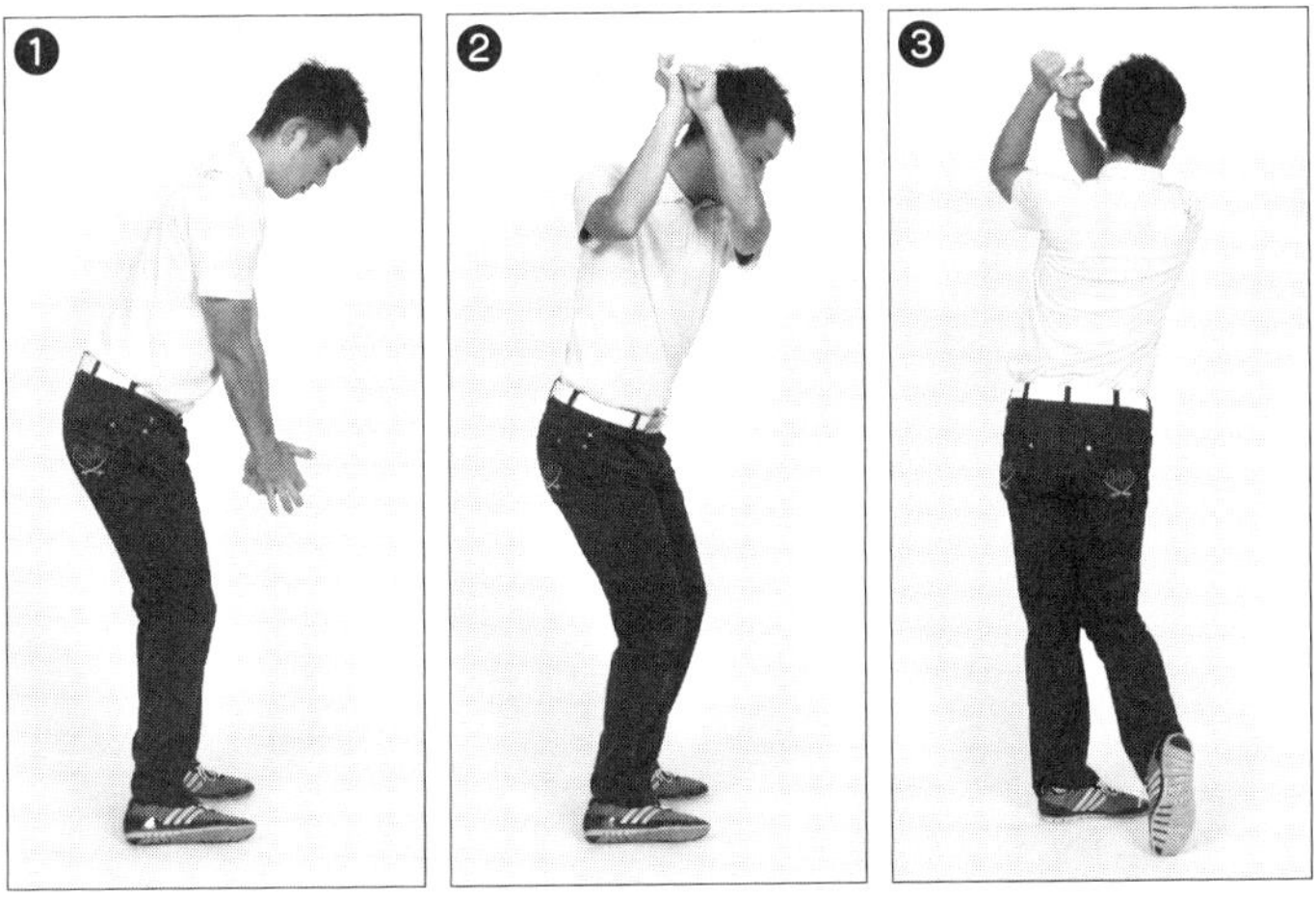

①から②で上半身は右脚の上に向かって回転してくる。アドレス時から頑張る右脚が、上半身を左脚の上に押し返し、その上体を左脚が回転させた形が③となる。

上の写真ではわかりにくいが、このドリルを行うときに右脚はⒶの写真のようになっている。実際のスイングではここまで右膝を絞ると斜面に弱くなるので、外側が浮くほど絞らないように注意。スキーのエッジを立てるイメージで。

5 ダフリショットの矯正Ⅱ
―右脚主体回転の矯正―

作り方 ヘッド固定感覚習得グリップでアドレス姿勢して、通常のコの字スイングを行う。ただし、フィニッシュでも右かかとは上げない。

ポイント フィニッシュまで右かかとを浮かせないでスイング動作を行う。この時、右膝は膝1個分ぐらいしか前に出ない。フィニッシュで右かかとが上がることや、極端に右膝が前に出る動きは右脚主体の回転となるのでNG。

習得理由 ゴルフスイングでは、左脚が回転の中心になって体の右サイドを引っ張っていく。そのため、スイング中の回転動作を途中で止めた場合には、右サイドの動きは小さいものになっていなければならない。逆に右サイド、時に右肩、右腕を使ってボールを打とうとする回転動作は、スイングを途中で止めても左サイドより右サイドの動きが大きいため、右脚が動いてしまう。

このような動きでダウンスイング回転が行われると、スイングの最下点が右足の前になるためダフリショットが発生する。ダウンスイングで左脚が体全体を引っ張る左サイド先行の回転では、スイング最下点もボールより左側になってくるため、ダフリショットは解消される。

このドリルでは、積極的に動かさない体の右サイドを左サイド、特に下半身で引っ張る感覚がつかめる。また、繰り返し行えば左脚の内側と外側の筋肉を鍛えることができる。

Ⓐ右サイド中心の回転では右かかとを上げない姿勢をとったとき、右膝が大きく前に出て、右肩が大きく下がる。Ⓑ左サイド主体の回転では、右膝はあまり前に出ず、右肩の下がりも小さい。

6 ダフリショットの矯正Ⅲ ―太腿ねじり腰回転の強化―

作り方

アドレス姿勢から左手は左太腿にあて、右手は右のお尻に置く。左右の手の位置が変わらないように体をフォロースルー方向に回転させる。

ポイント

フォロースルー時に右のお尻にあてた右手の位置が、左太腿にあてた左手の位置より高い位置をキープして回転する感覚をつかむ。これにより腰は水平に近い感じで回転するが、この回転を行うには左膝が内側に曲がっていることが重要になる。両膝の間に隙間があるのはNG。

習得理由

ゴルフスイングでは、フィニッシュ時に両膝がくっつくことで左膝が微かに曲がり腰は水平に回転できる。腰が水平に回転することは腰の負担を下げるうえに回転の速度を上げ、飛距離を伸ばすことになる。一方、上半身はアドレス時の前傾軸で傾いて回転するため、腰も影響を受ける。そこで両膝を曲げた回転を行うことで、上半身の斜め回転に抵抗する。左膝を曲げた腰の回転では左足の内側の筋肉が左膝を目標方向まで向けない位置で止め、そこに右膝が回転してくる。このドリルでは腰を水平に回転させるための左脚内側の筋肉の頑張りや、左腰の回転に呼応して動く右膝の感覚を習得できる。さらに、最後に両膝をしっかりとくっつけることで、両足の内側の筋肉を鍛えることもできる。

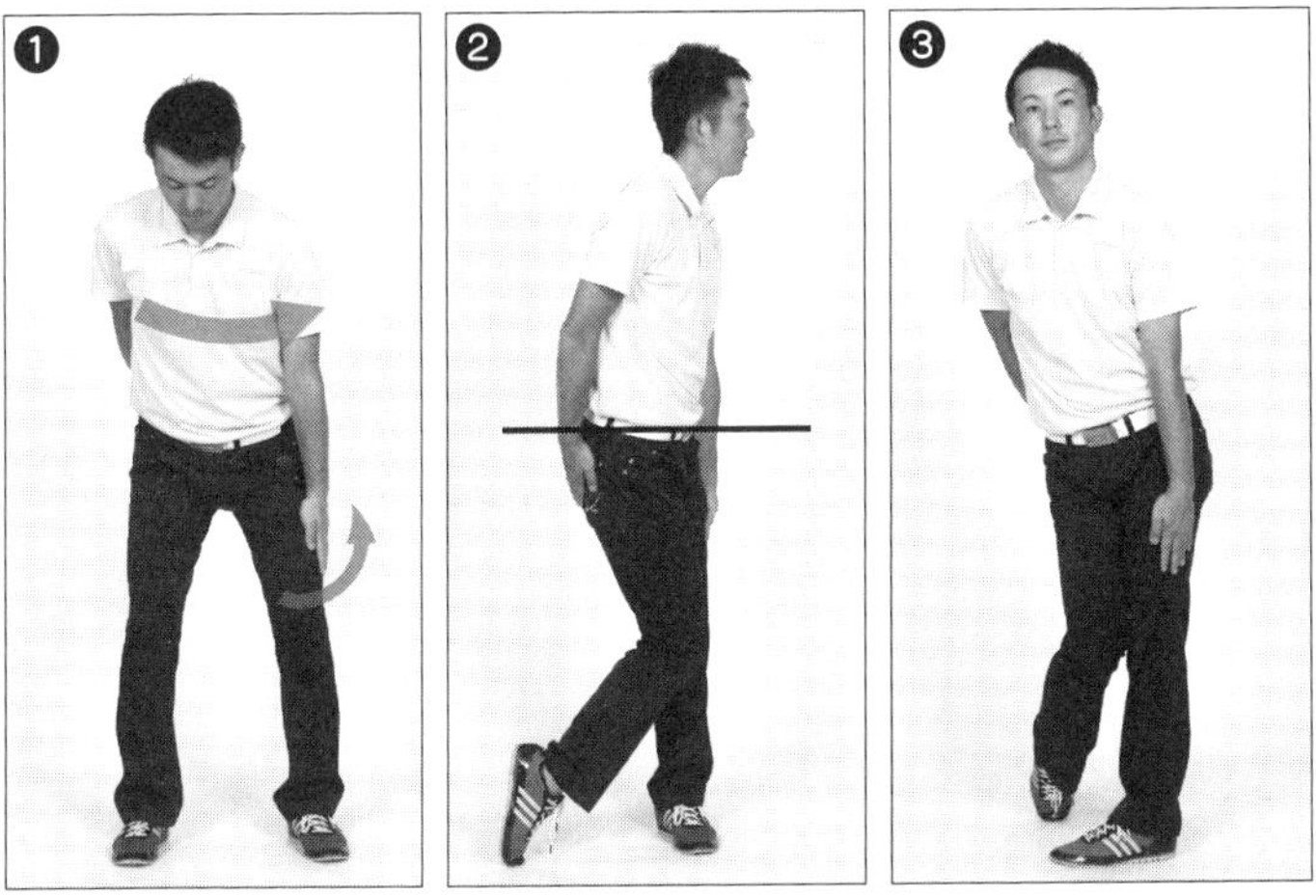

フォロースルーの回転を行う際に、右尻にあてた右手が常に左太腿にあてた左手よりも高い位置にあるようにしたい。これで回転すれば腰の水平回転の感覚をつかむことができる。

腰の水平回転の感覚は、右の写真のように両脚の内側の筋肉で両脚を寄せ合うイメージの回転で行う。この回転をリードするのは左脚外側と左尻の筋肉。

7 ダフリショットの矯正Ⅳ ―ダウンスイングのタメ感覚の習得―

作り方 アドレス姿勢から左手を左腰にあて、右手は左肩にあてる。そして、バックスイング方向の回転を行う時に右腕で左肩を引くように回転する。トップオブスイングからの回転では左腕が左腰を引くように回転する。

ポイント 左肩始動のバックスイング回転が止まる前に、左腰始動のダウンスイング回転をスタートさせる。トップオブスイングで一時停止することはNG。また、右肩からのダウンスイング回転もNGだが、このドリルでは右腕に左肩を引きつける力が働いていれば、右肩からのダウンスイングはできない。

習得理由 ゴルフスイングの回転では、バックスイング方向の回転は左肩からスタートし、ダウンスイングの回転は左腰からスタートする。この回転によって、ダウンスイング時には上半身にバックスイング方向の回転力が残っている間に下半身がダウンスイング方向の回転を始動させ、体幹部にねじれが発生し回転速度が上がる。

スイング中にこのねじれを作るには、左肩始動のバックスイングで上半身をトップオブスイングの位置に置き去りにして下半身の回転をスタートさせる感覚を身につけなければならない。

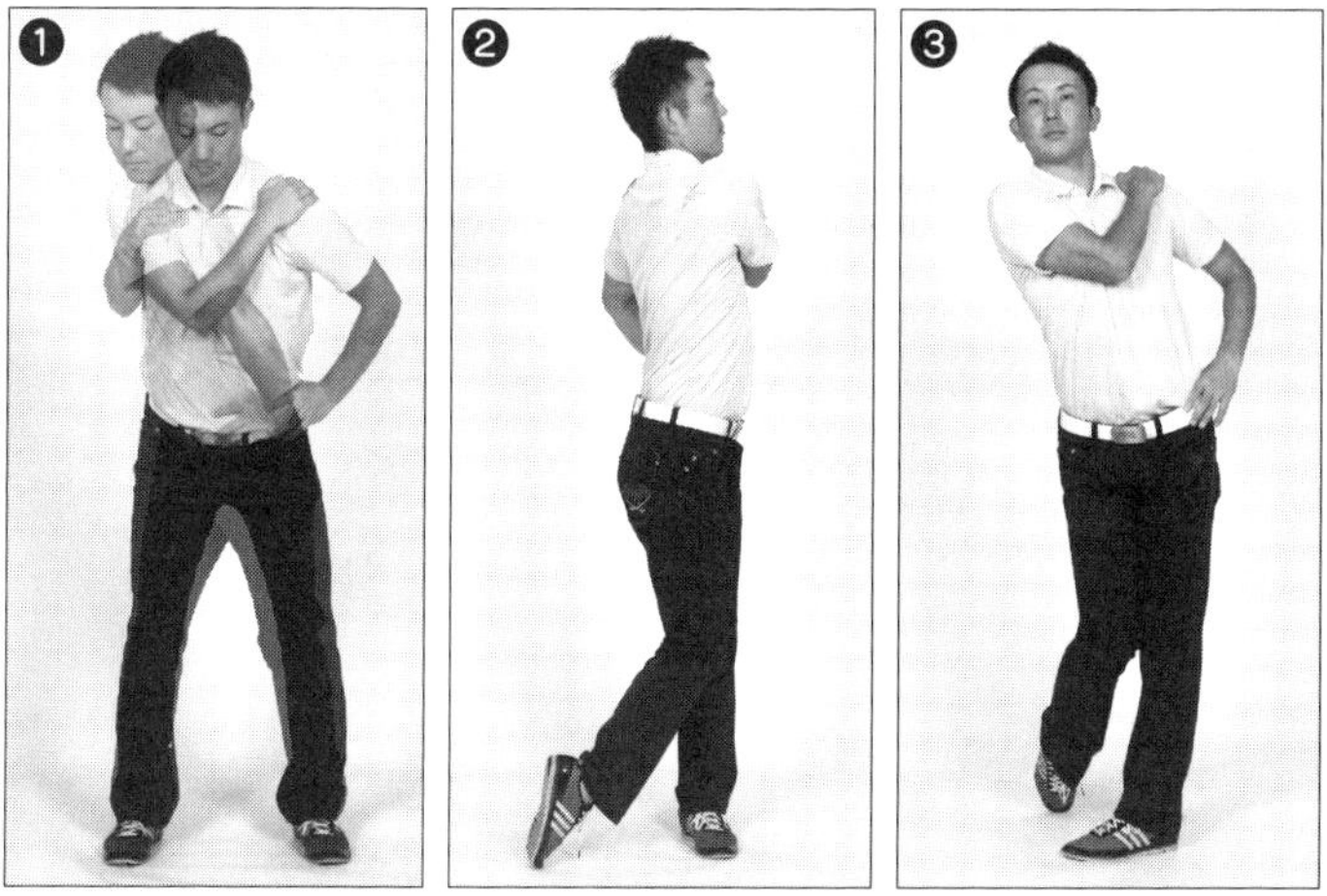

このドリルでは、ゴルフスイングのバックスイング方向とダウンスイング方向の回転始動の感覚がつかめる。右肩からのダウンスイングスタートを行うと、体幹部にねじれが作れないために、高速のダウンスイング回転ができず、ボールを左に飛ばしてしまう。

実際のインパクトでも右の写真のように下半身の回転のほうが、上半身の回転より先行している。これによって右肩の突っ込みはなくなり、ダフリショットが防げる。

8

シャンク・ササリショットの矯正Ｉ　―アドレス時の前後重心配分の矯正―

作り方

アドレス姿勢から両手を太腿の上に置く。そのまま前傾姿勢は変えず、手の位置がずれないようにつま先とかかとを交互に上げる。数回行いながら、重心位置を土踏まずのややつま先寄りに設定して、その後に両手を合わせてアドレスを作る。

ポイント

つま先とかかとを交互に上げながら、つま先の方がちょっと上げにくいという重心配分を作り、それをアドレス時の体幹部の姿勢として覚える。かかとの方が上げやすい、またはつま先がまったく上がらないという姿勢はＮＧ。

習得理由

ゴルフスイングでは、アドレス時の重心配分は上半身が前傾しているため、土踏まずのややつま先寄り。ここからスイング中に体を十分に回転させるためには、両足の中でつま先からかかと間の重心移動が行わなければならない。具体的にはトップオブスイングでは左足がつま先寄り、右足はかかと寄りの重心配分になり、フィニッシュでは左足はかかと寄りで右足はつま先立ちになる。この重心移動が上体の突っ込みを抑え、シャンクやササリショットを防止するうえに、体の高速回転による飛ぶショットを実現する。そのため、スイングスタート後につま先とかかとの両方に重心を移動できる位置に、アドレス時の正しい重心位置を設定しておくことはとても重要である。

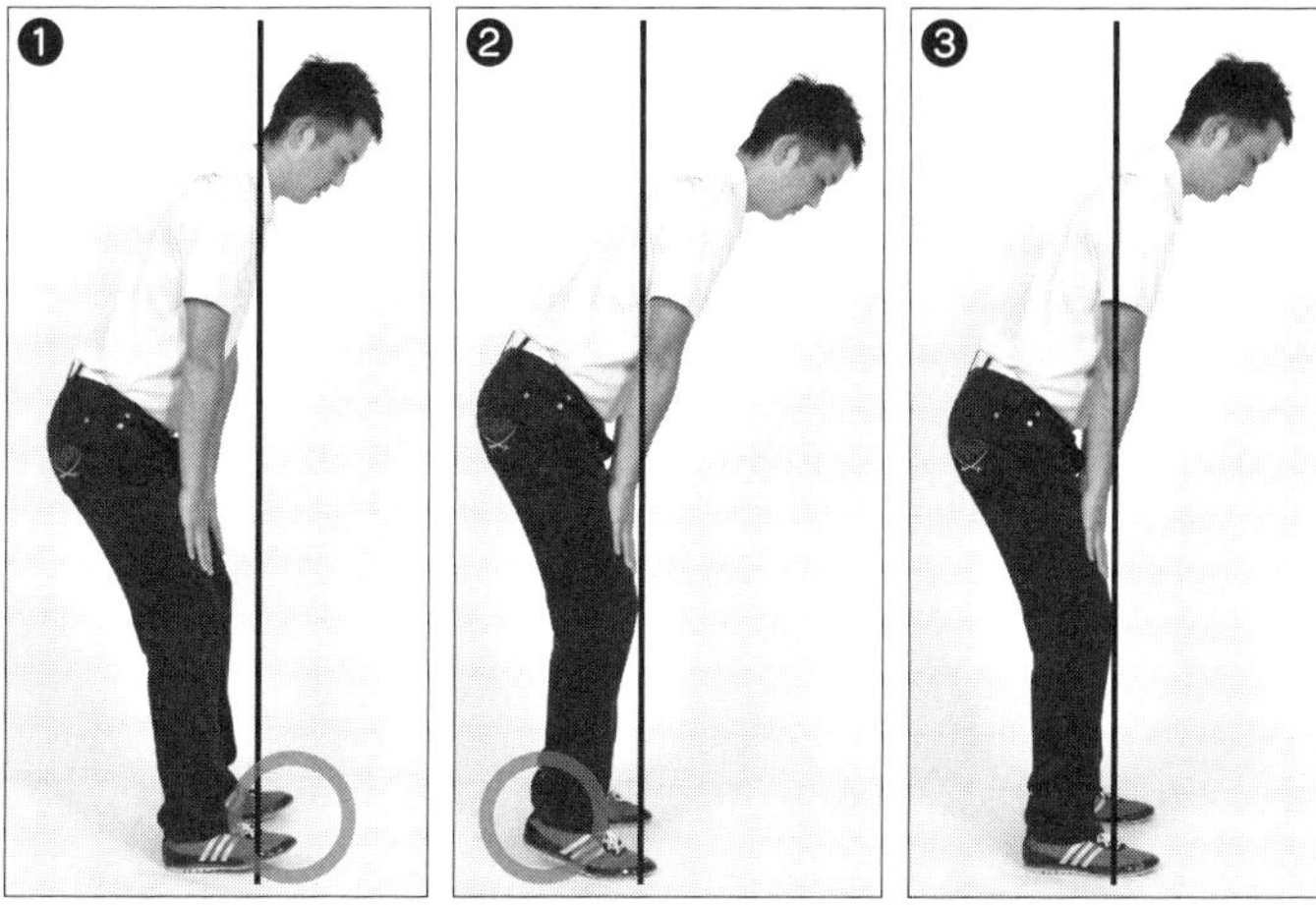

上半身の前傾角度が変わらないように、太腿に置いた手の位置がずれないようにする。つま先のほうがやや上げにくい③の形がベスト。

正しいアドレスでは、土踏まずのややつま先寄りの位置から垂線を引いてみると、その線の左右に体のバランスがとれていることがわかる。左右のどちらかに偏っているアドレスはNG。

9 シャンク・ササリショットの矯正Ⅱ ―突っ込み切り返しの矯正―

作り方 ヘッド固定感覚グリップでアドレス姿勢を作り、そこから右のつま先を5センチほど上げる。つま先を上げたままスイング動作を行い、通常の右かかとが上がったフィニッシュまで振り抜く。

ポイント インパクト前に右つま先が地面に着地しないようにスイング動作を行う。インパクト前に右つま先が地面に着いてしまうのは、トップオブスイングからダウンスイングへの切り返し時に上体が突っ込んでしまうNG動作。

習得理由 ダウンスイング回転は、左脚の力で回転する左腰のリードで行われ、体右サイドはこれに引っ張られるように回転していく。そのため、右肩がボール側に傾くのはインパクト以後になる。右サイドが先行した回転ではダウンスイングで上体が突っ込みやすくなり、インパクト前に右つま先が地面に着く動きになる。この動きはシャンクショットやササリショットを発生させるので、左サイドの回転を覚える必要がある。

実際のインパクトで腰の先行が強い場合、インパクト前にかかとが上がることもあるが、このドリルでは、ダウンスイングの右サイド先行による上体の突っ込みを抑制する。

【お詫びと訂正】

１７９ページの②の画像に不備がありました。
本来の画像は下記となります。
なお、この画像のポイントは右つま先部分です。
心よりお詫び申し上げます。

❷

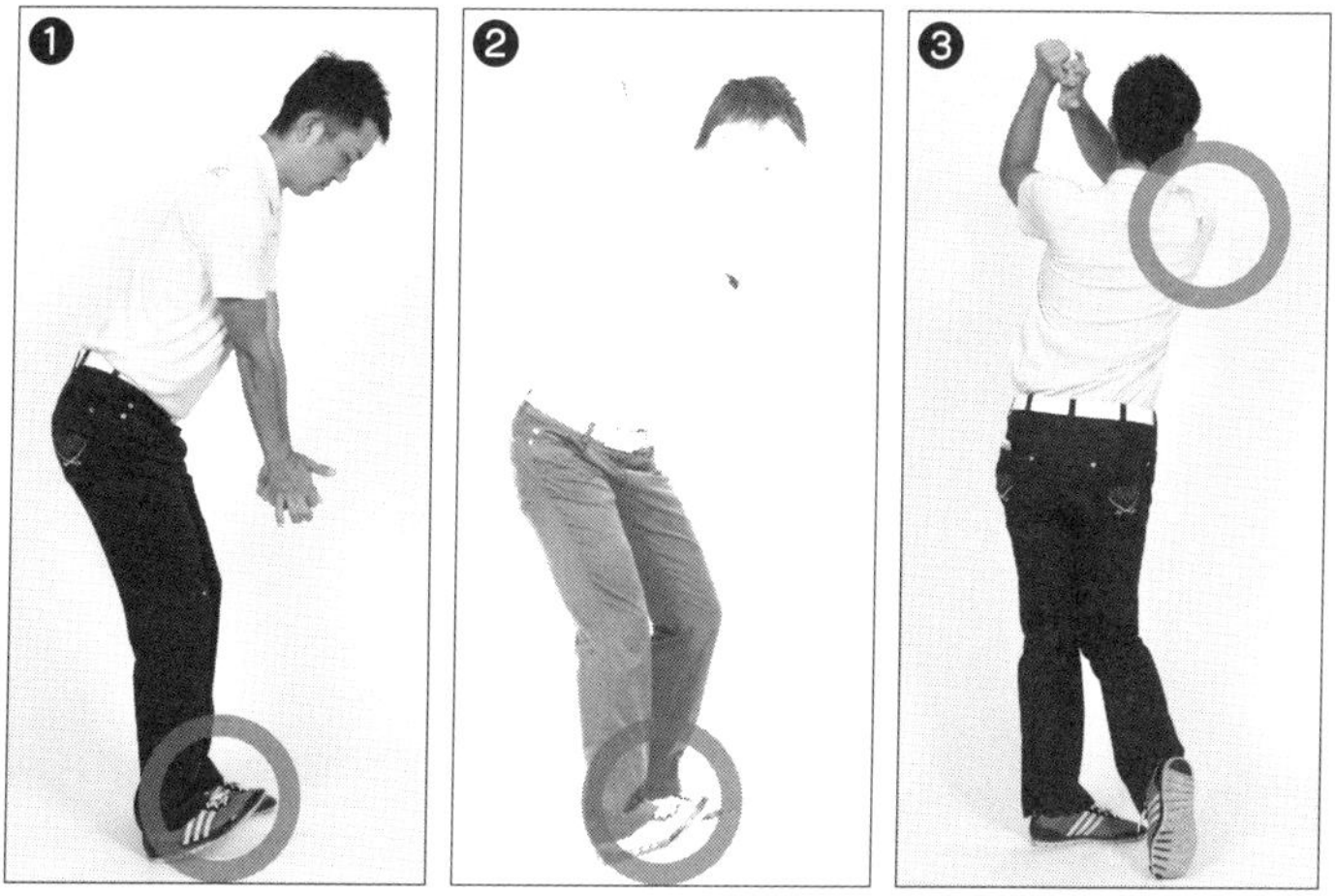

左腰リードの回転では最後に右肩が③の位置にくる。そのためインパクトまでは右つま先は上げたままでいられる。

アドレス時の重心配分は土踏まずのややつま先寄りだが、このドリルのときはバックスイング後の重心配分を先取りし、右足だけアドレスからかかと寄りにする。

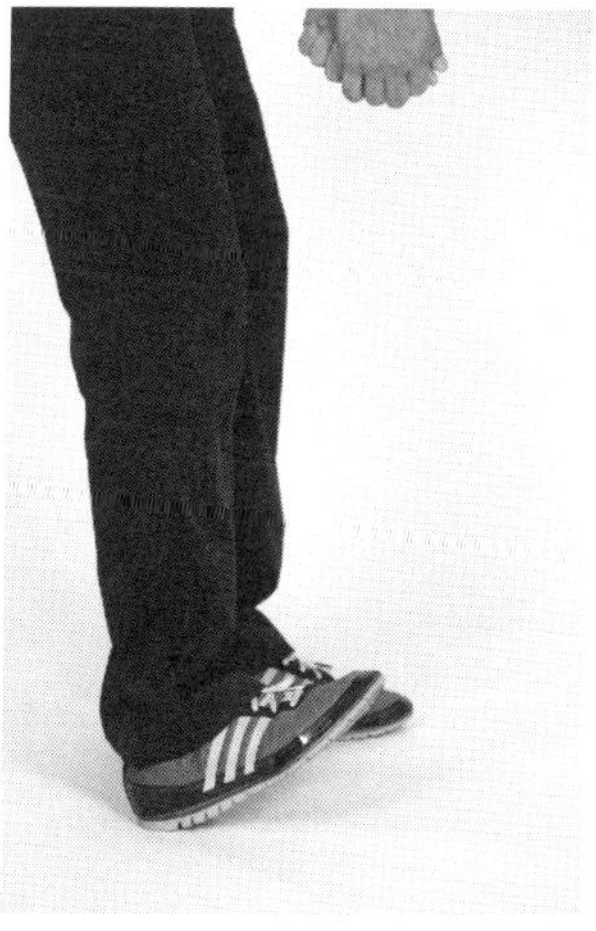

10 シャンク・ササリショットの矯正Ⅲ ―突っ込みダウンスイングの矯正―

作り方　ヘッド固定感覚習得グリップでアドレス姿勢を作り、左かかとを5センチほど上げる。トップオブスイングからダウンスイング始動の前に左かかとを着地させ、一旦停止した後、体を回転させフィニッシュ姿勢までスイング動作を行う。

ポイント　左かかとを着地させるとき、ほとんどの重心を左かかとに移す。その後、かかと重心のまま左脚中心の回転を行い、通常のフィニッシュ姿勢まで振り抜く。左かかとが着地する前に回転をスタートさせてしまうのはNG。

習得理由　ダウンスイング回転では、上半身が左脚の上に移動し、その上半身を左脚が回転させることになる。上半身に左移動という間があることで下半身は上半身に対して先行回転ができる。これにより、上体の突っ込みが抑えられシャンクショットやササリショットを防ぐことができる。右サイドの上体主体回転は様々なミスショットを発生させる。

このドリルでは、上体は回転せずに左へ移動だけ行い、下半身、特に腰が回転を行うという役割がつかめる。上手くできるようになったら2つの動きを合成していくことで、上半身が左移動している間に下半身の回転がスタートするという、本来の下半身先行回転が完成する。

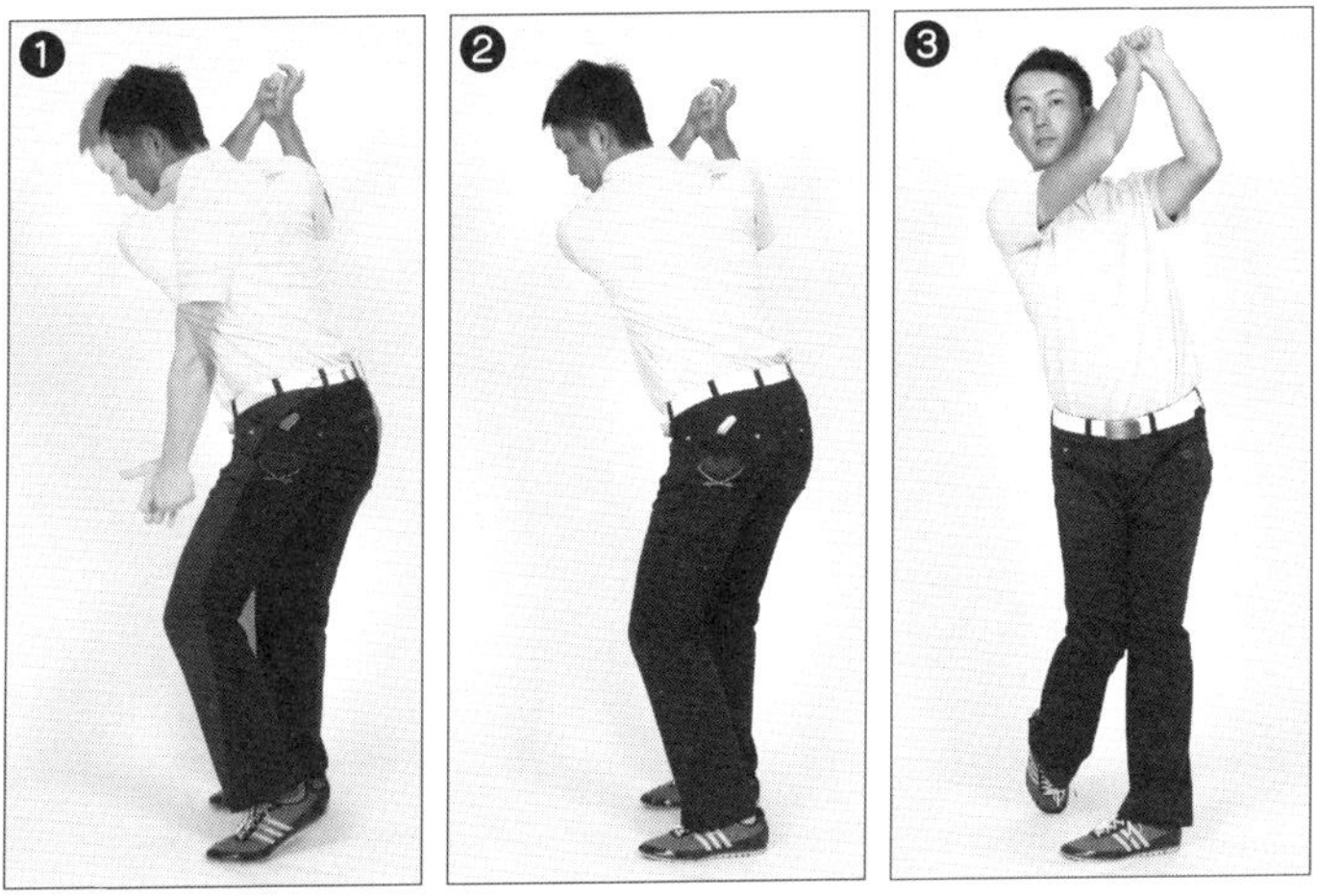

①から②の間に上半身を左サイドのやや背中側に移動させ、左かかとに重心を集める。③で重心の乗った左脚で腰を動かし上体を一気に回転させる。

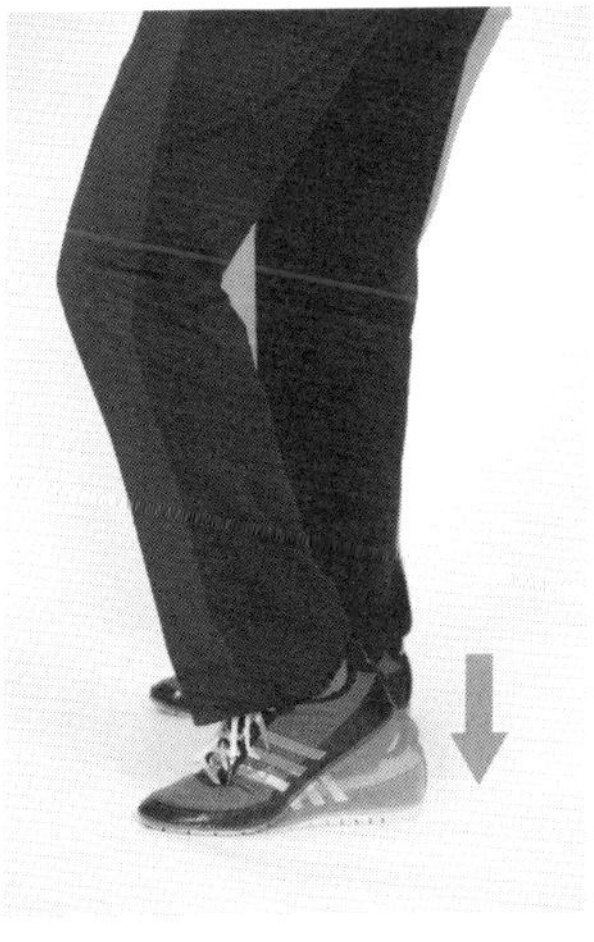

このドリルでは重心を左かかとに集めるため、左かかとの接地は力強いものにならねばならない。

11 テンプラショットの矯正Ⅰ ―腕・シャフト角度維持感覚の習得―

作り方　ヘッド固定感覚習得グリップでアドレス姿勢を作り、両膝を通常のアドレスより深く曲げる。そして、膝の角度を維持しながらフィニッシュ姿勢までスイング動作を行う。

ポイント　スイング中、アドレス時に作った膝の角度が伸びないように回転する。回転中に膝が伸びる動作はインパクト時のハンドアップを生むのでNG。

習得理由　スイング中、膝はアドレス時の角度をほとんど変えないため腰は水平回転し、バランスのよい高速回転となる。これに対してダウンスイングからフォロースルーにかけてボールを強く叩こうとして上体が前に出ると、膝は伸びてササリショットが発生してしまう。また、ダウンスイング中に左膝が伸び、インパクト時にグリップの位置が高くなってしまうと、トウダウンしないとクラブヘッドにボールが当たらなくなってしまう。ドライバーショットでトウダウンが発生すると、テンプラショットが発生しやすくなる。さらにグリップの位置が上がってしまうとインパクト時にフェースが開くため、極端なプッシュボールも発生する。このドリルでは、アドレスの姿勢で膝を多めに曲げているため、スイング中に膝を伸ばさないで回転する感覚がつかめる。繰り返しやれば高速回転を実現する両脚の太腿の筋肉が鍛えられる。

スイング中、腰の高さを維持しながら回転すると腕とシャフトの角度を保って回転する感覚がつかめる。

膝を大きく曲げ、腰の高さをキープしながらスイングするのは、つま先下がり傾斜でも同じ。背中に重い荷物を背負っているイメージで練習する。

12 テンプラショットの矯正Ⅱ —直線軌道テークバックの矯正—

作り方

ヘッド固定感覚習得グリップでアドレス姿勢を作る。そして、バックスイングを開始して、体を45度回転させた8時のポジションで一旦停止する。その後、再びバックスイング方向への回転を開始してトップオブスイングを作る。

ポイント

アドレス時に左胸に押しつけた左腕のつけ根が、8時のポジションで左胸から離れているかどうかをチェックし、その後、腕の振り上げを行う。8時の位置で左腕のつけ根が体から離れてしまうテークバックはNG。

習得理由

バックスイング回転では、上半身はアドレス時の前傾した背骨を軸に回転する。そのためトップオブスイング時の左肩は右肩より低い位置にある。ここからダウンスイングに入るや否や左肩は上がりながら回転し、クラブはインサイドからボールに向かうことになる。

これに対して、トップオブスイング時に左肩が下がっていない場合は、ダウンスイングで右肩を下げる回転をしなければクラブヘッドがボールに当たらなくなってしまう。この右肩を下げながらのクラブの振り下ろしは、ドライバーショットの場合、テンプラショット以外のミスショットも発生させてしまう。

トップオブスイングで左肩が下がらない原因は、クラブをまっすぐ引いてしまうことにある。このドリルでは②の手の位置がアドレス時①よりインサイドに引かれているのがわかる。

左の写真のように左脇の絞りが甘いプレーヤーが腕だけでクラブをインサイドに引いてしまうと、右方向にボールが飛び出すミスショットが発生するので注意。

13 テンプラショットの矯正Ⅲ —突っ込みインパクトの矯正—

作り方 ヘッド固定感覚習得グリップでアドレス姿勢を作る。トップオブスイングまで腕を振り上げてから上体を反らせながらダウンスイングを行う。その後、通常のフィニッシュ姿勢でスイング動作を終わる。

ポイント インパクトエリアで両膝を伸ばさないようにしながら後頭部を後方に反らすような感じで回転する。インパクト時の頭がアドレス時の位置、もしくはボール方向に出る動きはＮＧ。

習得理由 ダウンスイングでは、上半身は背骨軸で回転するためインパクト時の頭はアドレス時より前に出ない。

しかし、ダウンスイング時にボールを強くヒットしようとすると、右腕でボールを叩きにいってしまい、インパクト時に右肩および頭が前に出る。この動きはドライバーショットの場合テンプラショットやプルボールを発生させ、その他のクラブではシャンクショットやササリショットを発生させる。

正しい回転ではダウンスイングから左腰が上半身を引っ張っていくために、インパクト時の頭の位置はアドレス時よりやや後方にある。

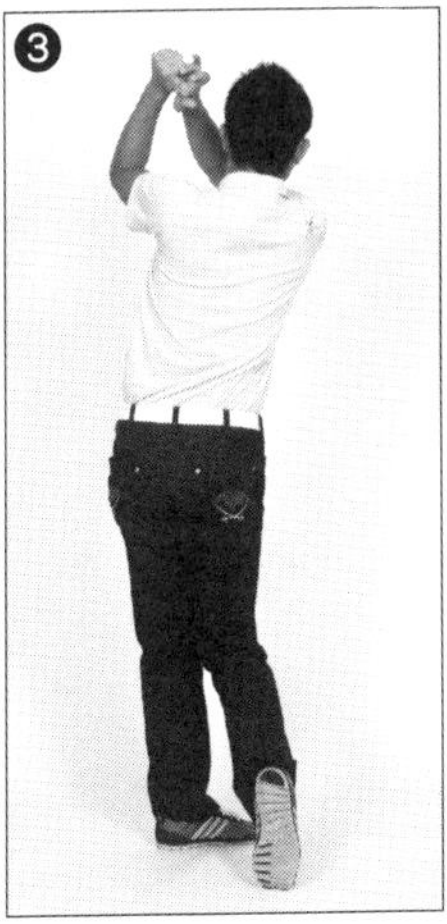

ダウンスイングからインパクトにかけて後頭部を起こしながら回転することで、左腰が体全体をリードする回転がわかる。

後頭部を背中側に反らせながら回転する感覚はハンマー投げのイメージ。膝を伸ばさずに左サイドのリードで後頭部を後ろへ引く。

14 フックボールの矯正Ⅰ ―右前腕ターン制御の習得―

作り方

アドレス姿勢から右腕はアドレス時にクラブを持つ位置でグリップの形を作る。左手は左尻に置き、トップオブスイングからインパクト後右腕が地面に対してほぼ平行になるまでスイングする。

ポイント

ダウンスイングからインパクトまで右肘をしっかりと絞り、肘が正面を向くようにしながらスイング動作を行う。これによって、右親指はインパクトまで目標を指さない。インパクト以後、体の回転に合わせて、右肘を絞りながら親指を天井に向ける。インパクト前に右親指が目標方向に向いてしまうのはNG。

習得理由

右肘はダウンスイングからインパクトエリアにかけても絞られているため、ヘッドの先行とフェースの返りを抑える。これによって、ヘッドが先行することで起こるプルボールやフェースが返ることで起こるフックボールは発生しにくくなる。

右肘を絞るとインパクト時に体の右サイドでボールを叩く感じがなくなるため、インパクトにもの足りなさを感じるが、このドリルで慣れてしまおう。

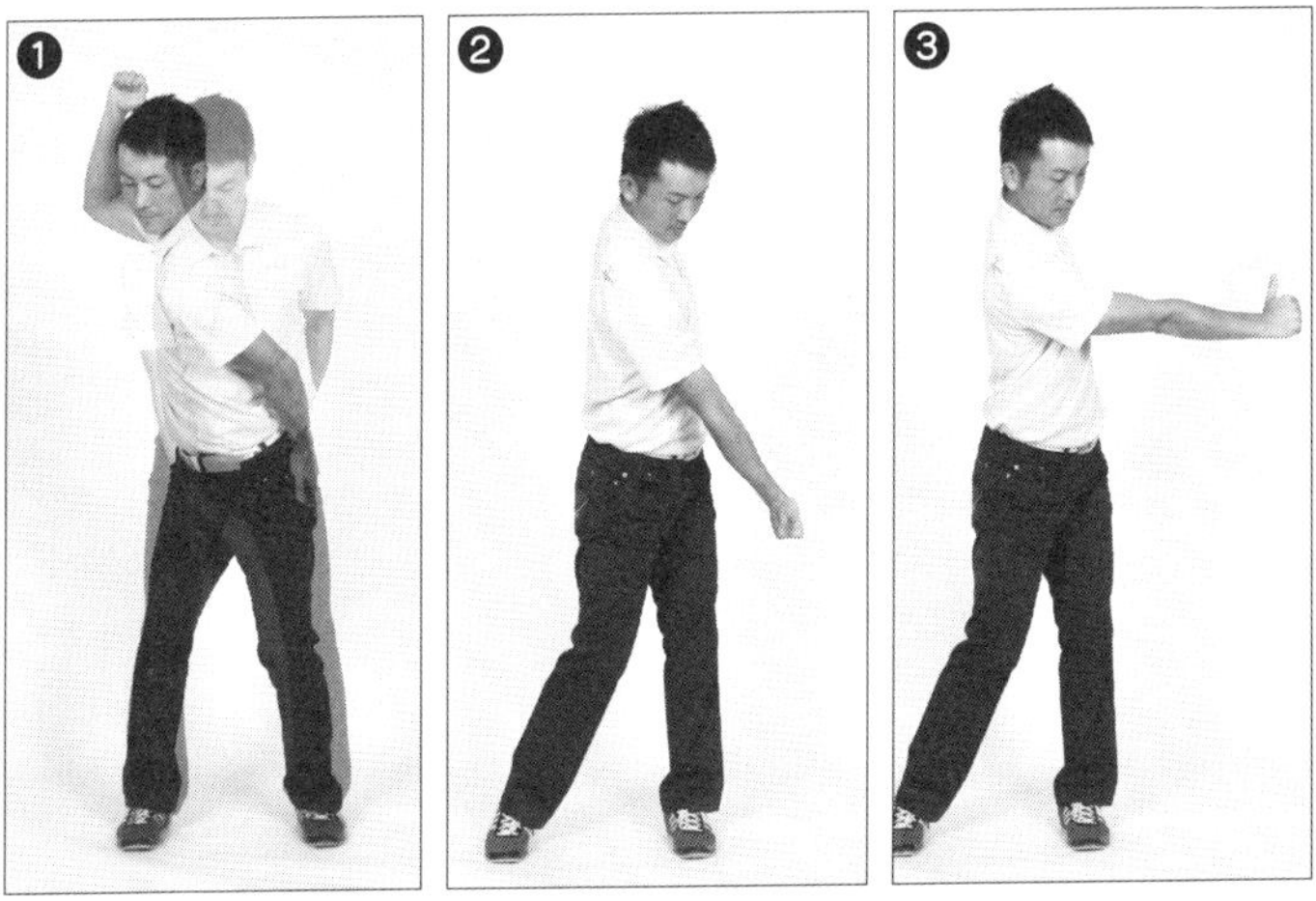

アドレスからトップオブスイング①、そしてインパクト②まで、右肘は絞り続ける。これによりヘッドの返りやカット軌道が防げる。インパクト③はじめて親指は目標を向く。

インパクト時の右肘の感覚は、インパクトエリアにあるリンゴを手刀で切るイメージ。リンゴを手のひらでつかみにいくと、ボールは左に曲がってしまう。

15 フックボールの矯正Ⅱ ―右脇開きインパクトの矯正―

作り方 高さ感覚習得グリップでアドレス姿勢を作る。そして、通常のバックスイングとダウンスイングを行い、インパクトで動きを止める。

ポイント トップオブスイングからインパクトまで右手首が甲側に折れないように注意しながら、左手を支え続ける。アドレス、トップオブスイング、インパクトのすべての局面で右手首が甲側に折れるのはＮＧ。

習得理由 インパクトエリアで右手が甲側に折れるハンドファーストの形をイメージしながらスイングすると、インパクト時に手元が目標方向に押し出されてしまう。インパクトで無理にハンドファーストの形を作ろうとすると左肘が引けた場合はフェースか右上を向いてスライスボールとなる。一方、左肘が伸びている場合は、フェースが左下を向いてしまいプルフックボールが出る。

インパクト時の正しい右手の形は、ややグリップの下側にあって下からクラブを支えている感じになる。そのため右手の甲にはアドレス時以上の角度はできない。

この感じでスイングしてもクラブの重さにより、実際はハンドファースト気味のインパクトになってしまうので、意識的にハンドファーストの形を作るのは間違い。

このドリルではスイング中の右手の甲に角度を作らない感覚②と、インパクトエリアで右手がクラブを下から支える感覚③がつかめる。

右手でクラブを下から支える感覚は、インパクトエリアで右の手のひらで水をすくうイメージ。

16 スライスボールの矯正I ―左前腕ターン感覚の習得―

作り方 アドレス姿勢から左腕はアドレス時のクラブを持つ位置でグリップの形を作る。右手は右のお尻に置き、トップオブスイングからインパクト後、左腕が地面に対して45度の位置にくるまでスイングする。

ポイント トップオブスイングからインパクトまでの間に左腕を外側に返して親指を地面に向けながら体を回す。つまり、インパクトを通過するときには左親指は目標を指していることになる。これによって、インパクト時に左肘はしっかりと絞れる。

習得理由 体の回転が高速になればなるほど左肘がダウンスイング中に絞られて、ヘッドを先行させるような感じにしておかないと、インパクト時にフェースが開いてしまう。これによって、ヘッドが遅れることが原因のプッシュボールやフェースが開くことが原因のスライスボールが抑えられる。また、インパクト時に右手がクラブを目標方向に押してしまうとハンドファーストの形ができてしまい、やはりフェースは開いてしまう。確かにこの現象では右腕の動きが間違っているが、左腕も多少なりとも右腕の悪い動きに抵抗したい。このドリルでは、スイング中の左肘を絞り続ける感覚が習得できる。また、繰り返し行うことで、左肘を絞るために必要な左胸の外側の筋肉を鍛えることもできる。

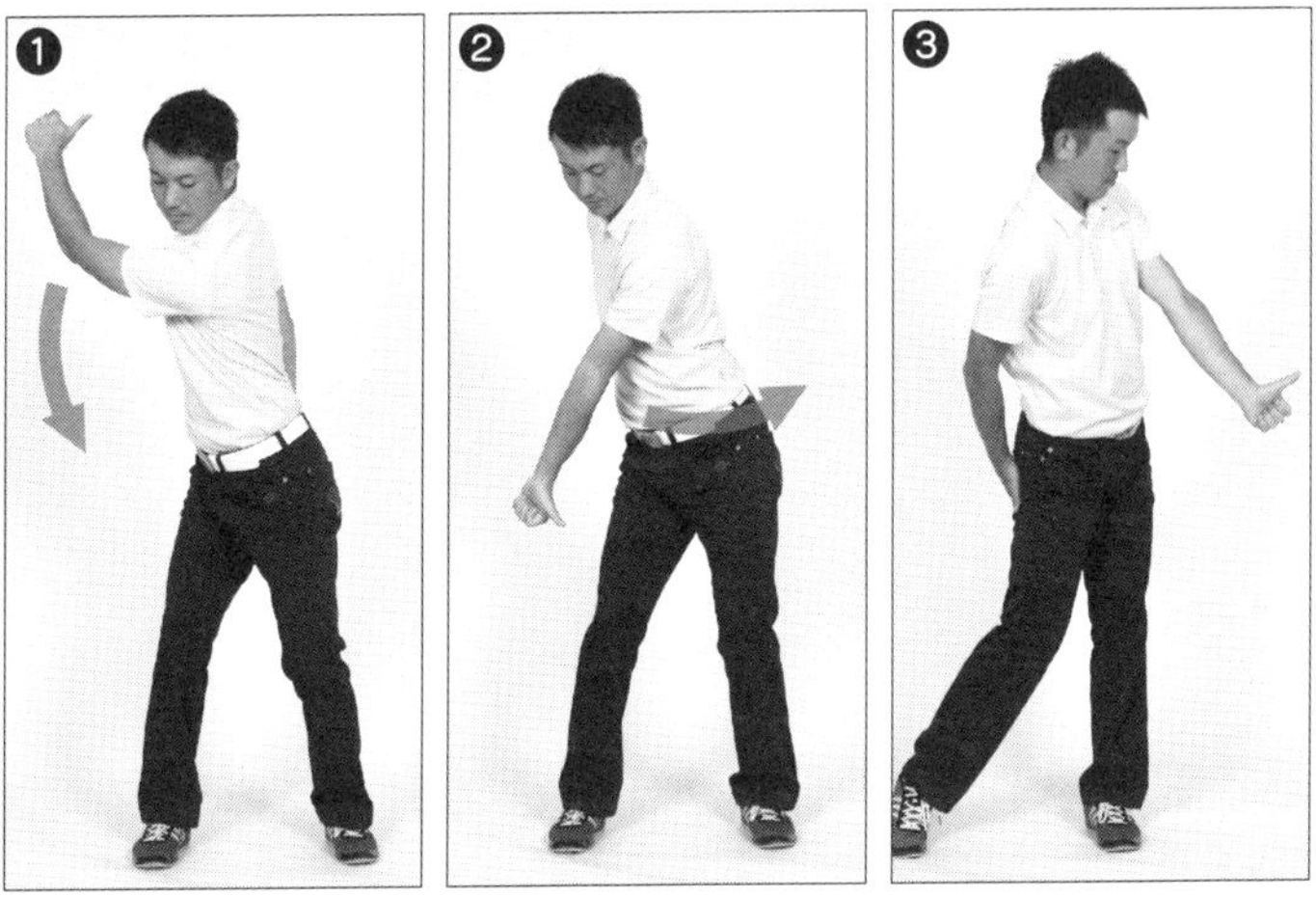

①から②の間に前腕をターンさせ、左親指を地面に向けてしまう。この腕の動きの間に体を回転させる。

インパクト時の左腕の感覚はインパクトエリアにあるリンゴに親指を差し込むイメージ。ただし実際のスイングでは右肘の絞り、クラブの重さもあるので、このような形にはならない。

17

スライスボールの矯正Ⅱ　―左脇開きインパクトの矯正―

作り方　高さ感覚習得グリップでアドレス姿勢を作る。そして、通常のバックスイングとダウンスイングを行い、インパクトで動きを止める。

ポイント　バックスイング、ダウンスイング、インパクトで左手が甲側に折れる形を崩さないように回転して、体の回転を止めるのにあわせて左前腕を返す。体を止めた時に左肘が引けてしまうとか、左手の甲の角度がなくなってしまうのはＮＧ。

習得理由　インパクトエリアで左手が手のひら側に折れる形になると、フェースが開いてスライスボールになる。フェースの開きを右の手首で調整しようとするとヘッドが左斜め下を向く形になり左方向への低いボールになる。さらに、この打ち方のままボールを高く上げようと、右肩を下げてインサイドアウトのスイング軌道でボールを打つと高さはある程度出るが、急激に左に曲がるプルフックボール（通称チーピン）となる。スイング中、左手が甲側にやや折れた角度を作りながらスイングすれば正しいフェースの向きを維持できるが、実際のスイングではクラブヘッドの重みでインパクトエリアでは左手の甲の角度はなくなる。そのため、この時では左手首が平らなインパクト姿勢を作ろうとすると、その形にクラブの重みがかかってしまうのでクラブヘッドは大幅に遅れ、プッシュスライスになってしまう。

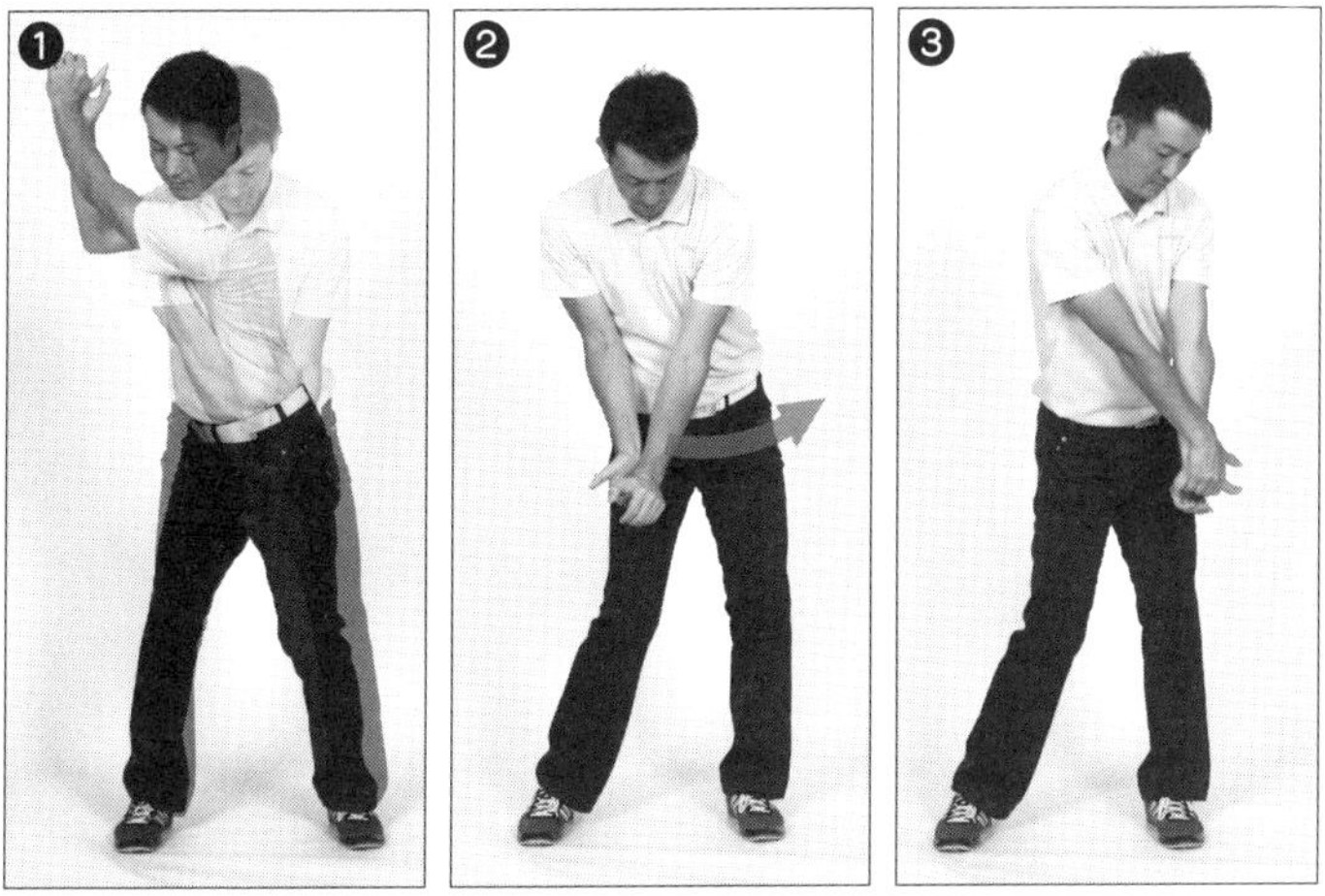

左手甲の角度に注意しながら①から②を行う。そしてインパクト姿勢③で止まり、左肘を体の方向に向ける。この時に左肘を絞る感覚を感じとる。

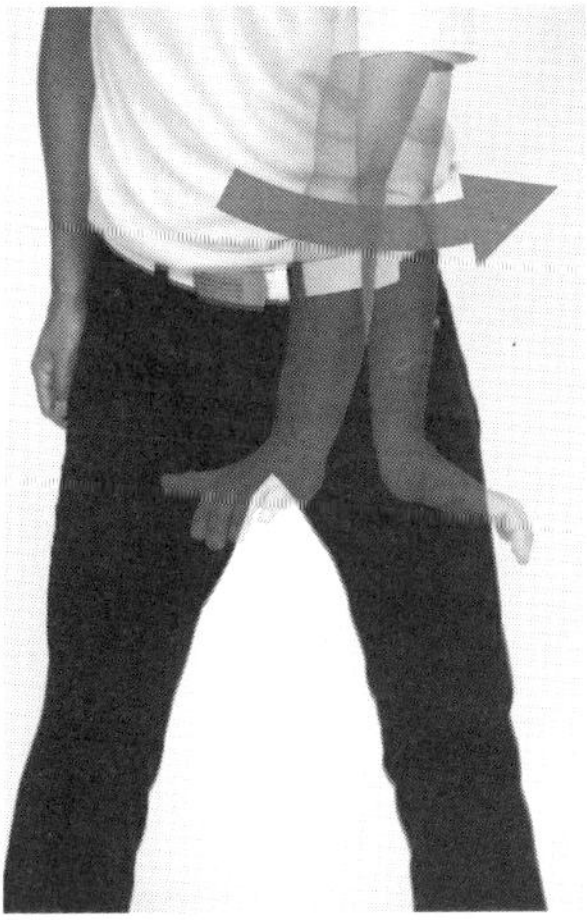

左手甲の角度を維持しながら、左肘を絞る動きは、手のひらを机に押し当てながら、回転させる動きに似ている。

まぐれのナイスショットと、当然のミスショットの違い

色々と試行錯誤しながら練習やラウンドしていくうちに、どうやってクラブを振ったらいいのかわからなくなってしまった。

こんな経験がある人も少なくないでしょう。そして、こうなるとなかなか解決の糸口もつかめず、スランプに陥ってしまうことも多いのです。

アマチュアゴルファーにとっては非常にやっかいなことですが、こうなる最大の原因は体の動きが悪くてもミスショットが発生しない場合があるからです。

例えば、トップショットの一般的な原因は、ダウンスイング時の左腕によるクラブの引き下ろしが十分でないことにありますが、思うように左腕が引き下ろせなくても、トップショットが発生しない場合があります。

それは、ダウンスイングで同時に上体が沈み込んだときです。

しかし、このナイスショットは左腕のほどよい弱さの引き下ろしに、上体のほどよい量の沈み込みが上手く組み合わされなければならないために、同じショットが打てる確率は非常に低くなります。このスイングでナイスショットの確率を高めるには、数多くの球を打つことで2つの動作のタイミングを調整しておく必要があるので、ちょっと練習を怠る

とスイングがバラバラになってしまいます。

また、たとえ調整ができていても、ゴルフコースでの緊張するショットでは、タイミングは狂いやすく、一旦狂ってしまうと修正するのは困難です。ですから悪い動き同士の組み合わせで打つナイスショットは苦労して習得すべきものでないことがわかります。

しかし、悪い動作だけが組み合わされても、スイートスポットにボールが当たる場合があるため、アマチュアゴルファーはこのスイングが正しいと考え、確率の悪い動きの習得に必死になってしまうのです。

そして、いくら練習してもナイスショットの確率が高まらないという状況に陥り、「このスイングは正しいのか？　続けて練習すべきなのか？」と悩み始め、最終的には、どうやってクラブを振るのが正しいのかすらわからなくなってしまうのです。

このような徒労に終わる練習を避けるためにも、6章で紹介した「ミスショットを減らすための体の動かし方」を習得していくべきです。

正しいスイング動作の習慣をつけることができれば、体はたとえ緊張した場面でもその動き方しかできなくなるので、ナイスショットの確率は必然的に高まるのです。

ボディフロー・ラーニング目的別トレーニングメニュー

最後にボディフロー・ラーニングのドリルを組み合わせて行う「目的別のトレーニングコース」を紹介します。メニューはそれぞれ目的別に分かれていますので、自分が強化したい動きをチョイスしてください。ドリルはすべて、以下の4拍子で動くことができます。

「1」スタートの姿勢、「2」バックスイング方向の動きを開始、「3」でダウンスイング方向へ動く、「4」スタートの姿勢に戻る（動きの終了姿勢が「1」の姿勢と同じ場合は、ここで1拍とることでリズムを合わせます）。

ドリルは4拍子で繰り返すことができますので、10回繰り返すと1つのドリルが約40秒です。1セットごとに20秒のインターバルを入れた場合、12のドリルに必要な時間は12分間です。

この12分間トレーニングを、2ヵ月ほどつづけることで、それぞれの動きが習慣化し、スイングフォームは変化していきます。そして、正しい動きが習慣化されれば、実際にボールを打つ際に体が慣れている方の正しい動きを体が行おうとするようになるため、正しい動きが自然にスイング動作に組み込まれます。その結果、ナイスショットの確率が上がっていくのです。

メニューの見方とアドバイス

「3－① インパクトエリアの動作作り」の場合、本書、第3章 ①の動きを参考にしてください。またメニュー中の動きで10回の動きを数える際は、1-2-3、2-2-3、3-2-3、4-2-3、5-2-3、6-2-3、7-2-3、8-2-3、9-2-3、10-2-3、というように数えると10回がわかりやすくなります。

スイング作り初心者メニュー

スイング作りメニューは、動きの難しさを基準にレベルが分けてあります。このメニューはクラブヘッド固定感覚習得グリップとヘッド高さ感覚習得グリップの両方で2回ずつ行ってください。

1	3－①	インパクトエリアの動作作り
2	3－②	ターン動作作り
3	3－③	手首のコック動作作り
4	3－④	腕と肘のリフトアップ動作作り
5	3－⑤	肘のたたみ動作作り
6	3－⑥	フルスイング作り

中級者コース

1から6まではクラブヘッド固定感覚習得グリップとヘッド高さ感覚習得グリップの2パターンを日替わりで行い、7以降は毎日行います。

1	3-①	インパクトエリアの動作作り
2	3-②	ターン動作作り
3	3-③	手首のコック動作作り
4	3-④	腕と肘のリフトアップ動作作り
5	3-⑤	肘のたたみ動作作り
6	3-⑥	フルスイング作り
7	5-①	回転軸強化－左倒れ防止
8	5-②	上半身軸強化－右倒れ防止
9	4-⑭	フォロースルーの肩の傾きの習得
10	4-⑰	左腕の動かし方の習得
11	4-⑥	コック動作とリフトアップ動作の習得
12	5-⑬	右手左太腿あて回転動作の習得

上級者コース

1から6まではクラブヘッド固定感覚習得グリップとヘッド高さ感覚習得グリップの2パターンを日替わりで行い、7以降は毎日行います。

1	3-①	インパクトエリアの動作作り
2	3-②	ターン動作作り
3	3-③	手首のコック動作作り
4	3-④	腕と肘のリフトアップ動作作り
5	3-⑤	肘のたたみ動作作り
6	3-⑥	フルスイング作り
7	6-⑨	突っ込み切り返しの矯正
8	6-⑤	右脚主体回転の矯正
9	4-⑪	左手甲角度の習得
10	4-⑫	右手首角度の習得
11	4-⑮	上半身軸回転の習得
12	4-⑨	下半身先行回転の習得

飛距離アップメニュー

飛距離アップメニューではインパクトエリアのヘッドスピードを上げる動きを強化します。1から6まではクラブヘッド固定感覚習得グリップとヘッド高さ感覚習得グリップの2パターンを日替わりで行い、7以降は毎日行います。

1	3-①	インパクトエリアの動作作り
2	3-②	ターン動作作り
3	3-③	手首のコック動作作り
4	3-④	腕と肘のリフトアップ動作作り
5	3-⑤	肘のたたみ動作作り
6	3-⑥	フルスイング作り
7	4-⑬	フォロースルーの体の回転作り
8	5-⑪	肘絞り回転動作作り
9	5-④	右脚スエー防止の強化
10	6-⑦	ダウンスイングのタメ感覚の習得
11	6-⑬	突っ込みインパクトの矯正
12	4-⑰	左腕の動かし方の習得

直進性アップメニュー

直進性アップメニューではスイング中のフェースをスクエアな向きにキープする動きを強化します。1から6まではクラブヘッド固定感覚習得グリップとヘッド高さ感覚習得グリップの2パターンを日替わりで行い、7以降は毎日行います。

1	3-①	インパクトエリアの動作作り
2	3-②	ターン動作作り
3	3-③	手首のコック動作作り
4	3-④	腕と肘のリフトアップ動作作り
5	3-⑤	肘のたたみ動作作り
6	3-⑥	フルスイング作り
7	4-⑪	左手甲角度の習得
8	4-⑫	右手首角度の習得
9	5-⑦	頭のポジショニング感覚の習得
10	6-⑭	右前腕ターン制御の習得
11	6-⑯	左前腕ターン感覚の習得
12	4-⑯	フォロースルーの腕の動き作り

ゴルフ持久力アップコース

ゴルフ持久力アップメニューではラウンド後半でも下半身を正しく動かすための筋力を身につけるメニューです。1から6まではクラブヘッド固定感覚習得グリップとヘッド高さ感覚習得グリップの2パターンを日替わりで行い、7以降は毎日行います。

1	3-①	インパクトエリアの動作作り
2	3-②	ターン動作作り
3	3-③	手首のコック動作作り
4	3-④	腕と肘のリフトアップ動作作り
5	3-⑤	肘のたたみ動作作り
6	3-⑥	フルスイング作り
7	4-⑧	インパクト時の左膝の角度の習得
8	6-④	スエー動作の矯正
9	6-⑪	腕・シャフト角度維持感覚の習得
10	4-⑭	フォロースルーの肩の傾きの習得
11	5-⑥	上体移動+左脚回転の感覚の習得
12	5-⑪	肘絞り回転動作作り

あとがき

近年、屋外の練習場は減り続けています。その代わりに数を増やしてきたのがインドアの練習場です。屋外の練習場と違い、インドアではボールの弾道を見ることができないため、ゴルファーに弾道を見せるために開発されたコースシミュレーションや弾道測定器は今や全盛をきわめています。

しかし、弾道が見えないほうが、体の動かし方に集中した練習ができるため、スイング上達は早いという説もあるのです。本文中でも触れましたが、ゴルフクラブは勝手には動きません。そのためミスショットが出るのであれば、それはスイングしたプレーヤーの体の動きが間違っていたからなのです。そして、体の動かし方を矯正しない限り、ミスショットは矯正できないのです。

私自身インドアの練習場でレッスンしていると、「弾道が見える広い場所で練習しなければ意味がないのでは？」という質問をよく受けます。

たしかにゴルフは屋外の広大なコースで行うスポーツなので、弾道の見える広い練習場で練習した方がいい、と考えるのもよくわかります。しかし、**弾道が見える練習場では、体の根本的な動き、特に大きな筋肉の動かし方に集中することが難しく、どうしても腕や**

手首の動かし方という簡単な方法で打球を矯正しようとします。

このような矯正では体の根本的な動きは変わらず、逆にそのスイングを身につけてしまうことで、不安定なショットから抜け出せなくなってしまうということも起こります。ですから、正しい体の動きを習得するには、弾道の見えない練習の方が習得は早いのです。

例えば、練習している課題に対して10球打った中に正しい動きが3球しかないとしたら、この練習で覚えたのは残りの7球の間違った動きということになります。つまり、できるだけ間違った動きを行う回数を少なくして練習した方が、正しい動きの習得は早いということになるのです。

確かに、新しい動きに体が慣れるまではナイスショットが出にくいというのも事実です。それは、新しくやろうとしている体の動きが、今までの体の動きと協調することが必要になるからです。そんな中で弾道が確認できてしまうと、いいショットを打とうとして新しい動きを行う回数が減り、元の動きを固める練習になってしまいます。

本書で紹介したプログラムでは、ボールは打たないのでショットの結果に左右されることなく体の動きが覚えられます。

このプログラムとインドアのショット練習を組み合わせてスイング練習してみてください。驚くほどの上達が確認できます。

会心《かいしん》のショットが百発百中《ひゃっぱつひゃくちゅう》になる完全《かんぜん》なゴルフスイング
ボディフロー・ラーニング編《へん》

2017年4月17日　初版第1刷

著　者――――安藤《あんどう》　秀《しゅう》
発行者――――坂本桂一
発行所――――現代書林
〒162-0053　東京都新宿区原町3-61 桂ビル
TEL／代表　03(3205)8384
振替00140-7-42905
http://www.gendaishorin.co.jp/
カバーデザイン――――吉﨑広明（ベルソグラフィック）
本文デザイン・組版――――大西タクヤ
本文イラスト――――株式会社ウエイド
編集協力――――株式会社エクスレーヴ　阿部至晃
撮影協力――――永里洋一（日本プロゴルフ協会ティーチングプロ）

印刷・製本：(株)シナノパブリシングプレス
乱丁・落丁本はお取り替えいたします。
定価はカバーに
表示してあります。

ISBN978-4-7745-1628-8 C0075